Frankfurter

Caféklatsch

Gäste, Macher, Lebenskünstler

Der Kaffee ist fertig! Ein Besuch im Café ist wie ein Kurzurlaub. An großen Tischen zu frühstücken, Freunde zu treffen, vielleicht ein Päuschen von der Arbeit einzulegen oder einfach nur ein reichhaltiges, gesundes Essen zu genießen, das alles gleicht einem Wellnesstrip für Körper und Seele. Cafés sind wichtige Oasen der Entspannung. Gerade in einer Stadt wie Frankfurt.

Erst mal einen Kaffee

SONNENAUFGANG. Die meisten Menschen trinken morgens Kaffee. Zu Hause. Am Arbeitsplatz. Oder unterwegs. Wer jedoch ein wenig Zeit hat, betritt eines der gemütlichen Cafés der Stadt. Um in aller Ruhe, bei Milchkaffee, Espresso, Cappuccino oder schlichtem Bohnenkaffee, den Tag genussvoll zu beginnen. Um kurz noch einmal die Zeit anzuhalten. Um durchzuatmen, bevor die Hektik der Stadt endgültig regiert. Das ist in Frankfurt so wie in anderen Metropolen der Welt. Auch später am Tag üben die Kaffeetreffs der Stadt ihre ganz besondere Anziehungskraft aus. Ein Besuch im Café ist wie ein Kurzurlaub. Dort zu frühstücken, Freunde zu treffen, vielleicht ein Päuschen einzulegen, nach Feierabend abzuschalten oder einfach nur ein Stück Torte zu verdrücken, gleicht einem Wellnesstrip für die Seele. Cafés sind wichtige Oasen der Entspannung, gerade in einer Stadt wie Frankfurt.

Ist Frankfurt eine Cafëstadt? Unbedingt! Der Einfluss internationaler Kaffeehausmetropolen, von Budapest und Wien über Istanbul bis Rom und Paris, ist auch in der kleinen Großstadt am Main zu spüren; die dem Ganzen natürlich ihren typischen »Frankfurterischen« Stempel aufdrückt. Das Alte Café Schneider, Frankfurts ältestes Kaffeehaus in Familienbesitz, verwöhnt seit 1906 die Gäste mit einer kräftigen Trüffelsahnetorte. Nicht nur Travestie-Star Bäppi La Belle weiß das zu schätzen. Die Klassiker der Stadt kommen mit Kalorienbomben, netten älteren Damen im Service und stolzen Kronleuchtern in feinster Wohnzimmer-Ästhetik daher. Das Café am Liebfrauenberg oder das Mozart Café sind weitere wunderschöne Orte der Nostalgie.

Anders die jungen Wilden. Zum Beispiel Anya Jwobi, die jeden Tag gegen neun Uhr morgens die Espressomaschine anwirft. Ihr Sachsenhäuser Café Liebesdienste bietet mit dem dazugehörenden Friseurladen ihres guten Freundes Oliver Metzler Frankfurts schönste Verbindung zweier Geschäftsideen. Oder Thomas Klüber. Der umtriebige Gastronom hat mit dem puristischen Walden ein neues Kaffeehaus-Zeitalter eingeläutet. Das Walden öffnet bis spät abends, eine Bar gehört auch dazu – ein weiterer Hotspot in der City.

Dazwischen: die kultigen Stadtteil- und Szenecafés. Frankfurter Lieblinge wie das Kante im Nordend, das Crumble in Bockenheim. Oder auch das riesige, oftmals sonnendurchflutete Metropol, gleich hinterm Dom. So manches Café scheint umweht vom Duft aus Wacker's Kaffee Geschäft – *der* Frankfurter Institution in Sachen Kaffeebohne. Mehr als tausend Menschen täglich frequentieren allein die beliebte Filiale am Kornmarkt in der Innenstadt. Auch mediterranes Flair wird am Main verströmt, am charmantesten vielleicht im Fellini, einer fast klassischen italienischen Kaffeebar, mitten in Sachsenhausen. Dass daneben auch die Coffeeshops amerikanischer Prägung ihren Platz gefunden haben, versteht sich in unserer geschäftigen »Dienstleistungshauptstadt« mit ihren Bankentürmen und dem weltberühmten Flughafen fast von selbst.

Doch wer spiegelt die Seele einer Stadt intensiver wider als die Menschen, die in ihr leben. Und die all die vielen Cafés bevölkern. Banker, Handwerker, Nachbarn, Kreative, Studenten, Lebenskünstler jeden Alters – sie und viele andere prägen die Kaffeetreffs zwischen Eschersheim und Sachsenhausen, zwischen Bornheim und dem Westend. Durch ihre Lebensart, mit ihren ganz persönlichen Geschichten. »Frankfurter Caféklatsch« erzählt von den Kaffeehäusern der Stadt und von den Charakteren, die man dort trifft. Von Krimis schreibenden Taxifahrern aus »Dribbdebach«, von Pastoren und Kirchenkaffee, von Soulsängerinnen, die gerne mal spät frühstücken. Von Millionären und den wilden Siebzigern, von Wandergesellen, die Schutz vor Regen suchen, von russischen Straßenmusikern und von Historikern, die noch einmal die Zeit zurückspulen. Von traditionsbewussten Italienerinnen. Oder von türkischen Kioskbetreibern, die uns vor Ort in ihren Lieblingstreffs den Blick auf eine andere Welt ermöglichen. Sie alle wissen einiges zu erzählen über die schönen und lebendigen Cafés dieser Stadt.

Thorben Leo und Angelika Zinzow

Frankfurter

Caféklatsch

Gäste, Macher, Lebenskünstler

CAFÉ-GEDECK

INHALT

Die Menschenschlange wartet auf zwei eifrige Frauen. Sie brühen in Windeseile die gewünschten Cappuccinos, Espressos und Latte Macchiatos. Die Kaffeemaschine surrt, das Zischen vom Milchschaumsauger übertönt die Gespräche der Gäste. Und über allem zieht: der herrliche Duft der frisch gemahlenen Kaffeebohnen im **WACKER'S KAFFEE GESCHÄFT.**

Es soll Menschen geben, die einen Umweg zum Wacker's in Kauf nehmen, nur um den Duft des frischen Kaffees zu spüren

Mehr als tausend Wacker's-Fans frequentieren täglich die Frankfurter Institution in Sachen Kaffee

WACKER'S KAFFEE GESCHÄFT

In den Regalen finden sich die unterschiedlichsten Sorten Schokolade und Gebäck. Im Schaufenster liegen weit gereiste Kaffeesäcke

Die **Liebe** zum Kaffee

Was ist das Geheimnis einer guten Tasse Kaffee?
Der Rohkaffee, die Röstung, das Mahlen, schließlich die Zubereitung sind alles wichtige Dinge für die gute Tasse Kaffee. Ist eines davon schlecht gemacht, können die anderen Komponenten, selbst das netteste Lächeln einer Kellnerin, nichts mehr retten.

Woher kommt der stadtbekannte Wacker's-Kaffee und was macht ihn letztendlich so gut?
Wir kaufen Kaffeebohnen in Südamerika, Ostindien, Kenia, richtig tolle Sorten kommen aus Hawaii oder Jamaika. Der »Blue Mountain« von dort ist der Champagner unter unseren Kaffees. Für unseren Espresso kaufen wir viel Arabica, die wichtigste Kaffeeart von rund 60 Arten der Kaffeepflanze, die es weltweit gibt. Sie hat nicht so viel Koffein, ist durch unser Langzeitröstverfahren geschmackvoller. Der typische bittere und holzige Geschmack eines Espressos, den der Italiener so liebt, kommt von der zweiten großen Art der Kaffeepflanze, der Robusta. Diese mischen wir nur wenigen Sorten bei. In der hauseigenen Rösterei wird der Kaffee in einem Langzeitverfahren bei 200 und 220 Grad Celsius zwischen 15 und 18 Minuten lang geröstet. Für den Espresso wird die Bohne länger geröstet und ist dadurch auch dunkler. In unseren Läden mahlen wir den Kaffee nach dem gewünschten Mahlgrad, verkaufen ihn frisch oder bereiten ihn per Espressomaschine zu.

Was ist noch wichtig für Kaffeegenuss?
Perfekt gefiltertes Wasser: aus Geschmacksgründen, aber auch um die Maschine vor Kalkablagerungen zu schützen. Gefäße aus Glas, Porzellan, Edelstahl oder hochwertigen Kunststoffen. Schließlich die Sauberkeit, alle Behältnisse, die mit Kaffee in Berührung kommen, neigen zu Ablagerungen von Fetten und Ölen.

Früher herrschte der Bohnenkaffee über Deutschland. Mittlerweile bietet jedes Café vom Espresso bis zu Eigenkreationen viele Varianten. Wie kommt die rasante Entwicklung zustande?
Sicher ist die Nähe zu Italien und die einfache Möglichkeit, dorthin zu reisen, ein Faktor. In den letzten Jahren liefert die Chemie jedoch entscheidende Kenntnisse über die weit mehr als tausend Inhaltsstoffe der Kaffeebohne. Auch über den Einfluss von Kaffee auf den Organismus wissen wir mehr – tatsächlich ist Kaffee in Maßen sehr gesund. Für viele Menschen ist beispielsweise ein Latte Macchiato wegen der vielen Milch eine Mahlzeit. Entscheidend vor allem ist die Entwicklung der Kaffeemaschinen, mit denen das neue Wissen umgesetzt wird. Gutes Material gibt zum Beispiel keine Geschmacksstoffe an das sensible Getränk ab. Die heutige Filtertechnik liefert besseres Wasser. Integrierte Heißluftgeräte lassen herrlichen Schaum wachsen. Nicht umsonst ist die Kaffeemaschine seit Jahren das meistverkaufte Elektrogerät.

Zu Hause hat aber nicht jeder eine teure Espressomaschine stehen ...
Aber eine Caffettiera für Espresso oder eine Bistrokanne für Kaffee kann sich jeder leisten. Ein paar Dinge sollte man beachten: Bei der Bistrokanne den Glasbehälter vorwärmen, pro Tasse ein bis zwei gestrichene Kaffeelöffel oder ein Lot eher grob gemahlenes Kaffeemehl einfüllen und mit heißem Wasser angießen, kurz anquellen lassen, aufgießen, umrühren, nach drei bis vier Minuten den Siebstempel langsam nach unten drücken. Bei der Zubereitung eines Espresso ist es noch einfacher: den Trichter mit Pulver auffüllen, mit der Hand glatt streichen, Wasser auffüllen, die Elemente zsuammenschrauben und überbrühen. Die Feuerstelle darf nicht zu heiß sein, der Espresso soll langsam brühen.

Moderne Kaffeemaschinen gleichen mittlerweile einem Cockpit – reicht die Kenntnis über die Bedienung, um bei Baristameisterschaften erfolgreich aufzuschäumen?
Natürlich nicht, auch bei uns im Wacker's kann nicht jeder sofort an den Maschinen einen guten Kaffee kochen. Das erfordert viel Erfahrung, zumal ein hohes Tempo erforderlich ist. Bei den Meisterschaften entscheidet eine vierköpfige Fachjury aus der Branche über Hygiene, Sauberkeit, Schnelligkeit, die Technik des Milchschäumens, Aussehen und natürlich den Geschmack. Den Platz auf dem Treppchen hatte mir wohl meine Eigenkreation auf Espressobasis, die jeder Teilnehmer komponieren sollte, eingebracht: der »Cafe Ovo«, der seitdem auch im Wacker's zu bestellen ist. Das Rezept bleibt aber geheim.

Bitte, bitte ...
Na gut. Also, ein Eigelb mit Zucker aufschlagen, bis eine homogene gelbe Masse ensteht. Dazu braucht es ein wenig Fingerspitzengefühl, um zu vermeiden, dass das Eigelb gerinnt. Die Creme in ein Likörglas geben und einen Espresso hineinlaufen lassen. Oben drauf ein wenig Kaffee- und Schokoladenpulver, fertig. Und wer hat mich auf diese Idee gebracht? Mein italienischer Papa natürlich.

WACKER'S KAFFEE GESCHÄFT

Innenstadt, Kornmarkt 9, Telefon 28 78 10, Montag bis Freitag 8 bis 19 Uhr, Samstag 8 bis 18 Uhr, Sonntag Ruhetag

Weitere Filialen:
Nordend, Mittelweg 47, Telefon 55 02 42
Bornheim, Berger Straße 185, Telefon 46 00 77 52
www.wackers-kaffee.de

ALEXANDRA BOSELLI

...hat die Liebe zum Kaffee vom italienischen Papa geerbt. Jeden Morgen, während Mutter Waltraud, ganz deutsch, ihren Bohnenkaffee über dem Filter brühte, schraubte Papa Carlo an seiner Caffettiera – und schon nach wenigen Minuten zog der wunderbare Duft eines Espresso durch das Haus der Bosellis im hessischen Birstein. Mit vier Jahren bekam Alexandra sogar eine Kaffeemaschine aus Plastik vom Papa geschenkt. Später besuchte die deutsch-italiensche Familie oft Margarete Zülch, Chefin des Wacker's Kaffee Geschäft in der Frankfurter Innenstadt – eine gute Freundin der Familie. Die Mutter von Margarete, Luise Wacker, hatte den Betrieb am Kornmarkt 1914 gegründet. Die junge Alexandra war in das kleine Café sofort verliebt: so viele Sorten Schokolade und Gebäck, die Düfte von frisch gemahlenen Kaffeebohnen und heißem Milchschaum, das Rattern der Maschinen, dazu das gemütliche Ambiente, die vielen Kaffeesäcke aus dem Orient. Zehn Jahre später ist dieser Ort nicht nur zur Kultadresse für eine gute Tasse Kaffee avanciert, sondern auch Alexandras Arbeitsplatz. Und die 34-Jährige selbst ist eine der besten Baristas (italienisch, »Kaffeezubereiterin«) der Stadt. Bei den landesweiten Baristameisterschaften holte sie 2002 in Hamburg den zweiten Platz. Leider fehlt die Zeit, um bei Weltmeisterschaften aufzuschäumen – die Töchter Valentina und Giulia wollen schließlich auch bekocht werden. Für ein Gespräch über guten Kaffee, den perfekten Milchschaum und darüber, wie man die Jury eines Baristawettbewerbs beeindruckt, nimmt sich Alexandra aber gerne mal Zeit.

»Für eine gute Tasse Kaffee reicht leider nicht ein nettes Lächeln«

ALEXANDRA BOSELLI, KAFFEEZUBEREITERIN

Prinzip Liliput:
auf angenehme Weise jedes
Zeitgefühl verlieren

Kaum zu glauben: Diese Idylle blüht mitten in der Frankfurter City

Ein wenig versteckt in der Sandhofpassage liegt das **CAFÉ LILIPUT.** Und ist gar nicht so klein. In den warmen Monaten bietet der Garten eine traumhaft schöne Oase mitten in der Stadt. Auch sonst ist Frankfurts beliebtes Schwulen-Café immer mal einen Cappuccino wert. Und das nicht nur den Gays.

CAFÉ LILIPUT

20 Jahre Kontakt-Garantie: Das Liliput kennt man in der Schwulenszene auf der ganzen Welt

»Es gibt noch viel zu tun. Deshalb wünschen wir uns neue **Kämpfer** an der Front«

MARLENE DELUXE UND RÜDIGER ANHALT, AIDS-AKTIVISTEN

Das Leben ist schön

Dieser Treff hat sein Herz erobert. Am liebsten sitzt Rüdiger Anhalt im mit allerlei Grün bepflanzten kleinen Garten des Liliput in der Frankfurter City. Nach Einkäufen ist ihm eine Verschnaufpause im ältesten Schwulencafé der Stadt gerade lieb. »Dem Liliput bin ich immer treu geblieben«, sagt der gebürtige Hamburger, »seit 20 Jahren.« Genauso lange weiß der 62-Jährige um HIV-Viren in seinem Blut.

In Deutschland gibt es kaum jemanden, der länger damit lebt als er. »Damals, Mitte der Achtziger, bedeutete ein positiver Aidstest eine Lebenserwartung von 18 Monaten«, sagt Anhalt. Zwischen damals und heute liegen viele Tiefschläge. Wie zum Beispiel die gefallenen Blutwerte. Manchmal musste er dagegen bis zu 29 Tabletten am Tag schlucken. Heute sind es drei, doch noch immer können Ärzte nicht erklären, warum die einen früher an Aids sterben als die anderen. Einen Darmkrebs hat er zusätzlich niedergerungen. Ganz zu schweigen von den vielen Anfeindungen, Beschimpfungen und Tätlichkeiten, die er erdulden musste, als Mann der ersten Generation Aids .

Rüdiger Anhalt nippt genüsslich an seinem Hagebuttentee. Herrlich blühen die bunten Begonien an diesem Tag im Garten des Cafés. Anhalt hat Spaß an seiner Gesellschaft: der schrillen Frankfurter Szenegestalt Marlene Deluxe, Szenegängern bekannt aus dem weltbekannten Frankfurter Cocoon-Club. Die beiden kennen sich von vielen Aktionen und Treffen der Aidshilfe und sehen sich gerne im Liliput. »Rüdiger ist ein absolutes Vorbild«, sagt Marlene voll Begeisterung und wirft davon alles in ihren Blick. Während sie durch ihr Auftreten immer und überall für Aufmerksamkeit sorgt und diese auch für die Aufklärungsarbeit über HIV nutzt, gilt Rüdiger als Kämpfer der ersten Stunde. Wie ein Kriegsveteran erzählt er von »damals«. Von Erlebnissen aus der Zeit, als die Leute noch glaubten, Aids kriege man vom Hand geben. Schon in der ersten Stunde der Gewissheit über sein positives Testergebnis entscheidet er sich für ein gnadenloses Outing: »Schwul« und »Aids« sind die Begriffe, mit denen er in den nächsten Jahren konfrontiert wird. In Interviews und Fernsehauftritten, an vorderster Front bei Demonstrationen. Schnell avanciert Anhalt zum Häuptling der Aidsaufklärung. Bundesweit überraschen die Kämpfer vom Main immer wieder mit spektakulären Aktionen. Den Verkehr in der Frankfurter Innenstadt legen sie mit rollenden Krankenhausbetten lahm, in denen Aidspatienten liegen. Die Abschlussandacht der alljährlichen Bischofskonferenz im Fuldaer Dom stürmen sie mit Transparenten und Handzetteln, auf denen »Stoppt die Kirche« steht.

Marlene gehört der zweiten Generation der Aidsbekämpfung an. Als Streetworkerin streifte die 42-Jährige durch Clubs und Bars, verteilte Kondome, erzählte immer wieder von den Möglichkeiten sich anzustecken. Apropos erzählen: Das tut die quirlige Marlene nun wirklich gerne. Gerade in so netter Gesellschaft wie heute. Manchmal schweigen beide kurz – genießen die Atmosphäre im Garten, bis das Gespräch nahtlos weitergeht. »Rüdigers radikale Aktionen haben vieles verändert«, sagt Marlene. »Später war es wichtig, nicht immer mit dem erhobenen Zeigefinger aufzuklären.« Als Aktivistin nimmt sie wie Rüdiger kein Blatt vor den Mund. Bei ihrer stadtbekannten Rede während des alljährlichen Gottesdienstes zum Weltaidstag in der geschichtsträchtigen Paulskirche redete sie mal einfach so von der Gefahr beim »Ficken« – das hat an diesem Ort wohl noch kein Mensch durchs Mikro gesagt. »Das vergesse ich nie«, lacht Rüdiger. Aber: Die Botschaft kam an!

Im Café Liliput lehnen sich die beiden auf ihrer Bank zurück. Sind für einen Moment in sich versunken. Zwei unterschiedliche Menschen, die ihre Sexualität auf ganz eigene Weise leben, aber vereint im Kampf gegen das Virus. »Es gibt noch viel zu tun«, sagen beide. Sie wünschen sich eine unabhängie Forschung, nicht von der Pharmaindustrie bezahlt. Dass die Medikamente in den armen Ländern zugelassen werden. Mit Anfang 60 und nach mehr als 20 Jahren mit HIV im Blut will sich Anhalt, der 2005 das Bundesverdienstkreuz für sein Engagement erhielt, von der Front zurückziehen. Auch Marlene spürt, dass »irgendwann einfach die Zeit nicht mehr reicht, um die Menschen zu erreichen«. Beide wünschen sich neue, jüngere Kämpfer. Eine dritte Generation, die jungen Leuten erklärt, dass auch mit lebensverlängernden Medikamenten Aids noch immer eine tödliche Krankheit ist. Ihren Pausentee am heutigen Tag im Café Liliput haben sich Marlene und Rüdiger redlich verdient.

CAFÉ LILIPUT

Innenstadt, Neue Kräme 29 / Sandhofpassage,
Telefon 28 57 27,
Montag 10 bis 22 Uhr, Sonntag 14 bis 22 Uhr

Manche Gäste kennen nur den Hof und den Thekenbereich – dabei gibt es noch einen großen, gemütlichen zweiten Raum

CAFÉ IM LIEBIEGHAUS

Zwei Gewölberäume mit echter Kaffeehaus-Atmosphäre, im Sommer locken Hof und Gartenkonzerte. Dauerattraktion: selbst gebackenene Kuchen nach englischen, italienischen und spanischen Rezepten. Einen lauschigeren Treff als das CAFÉ IM LIEBIEGHAUS hat Frankfurt kaum zu bieten.

Die Tische, die Stühle, die Bilder, das Licht – genau so stellt man sich ein Kaffeehaus vor

Kaffee & Schokolade

Schokoladenläden gibt es viele auf der Welt. Aber keiner ist wie Bitter & Zart. Die Chocolaterie in der Frankfurter Domstraße hat sich mit Grenzen sprengenden Angeboten und verspielter Präsentation einen Namen gemacht. Neben hochwertigen Ess- und Trinkschokoladen gibt es auch Himbeerbonbons und Pfefferminzküsse, Schaumstangen aus Frankreich und Lutscher für 40 Cent. »Wichtig sind uns Emotionen«, sagen die Macherinnen, Gaby Fürstenberger und Sabine Seidel, »und dazu gehören auch Kindheitserinnerungen«. Sabine Seidel kommt aus der Nähe von Stuttgart, Gaby Fürstenberger aus Mannheim. Die zwei kennen sich aus Reutlingen, später trafen sie sich in Frankfurt wieder, wo sie in der Möbelbranche arbeiteten. Lange schon hatten sie zusammen etwas Eigenes auf die Beine stellen wollen. Die Basis: »Wir lieben schöne Dinge.« Im Frühjahr 2003 wussten sie: »Frankfurt fehlt eine Chocolaterie.« Als sie zufällig an dem leer stehenden Laden in der Domstraße vorbeikamen, war die Sache klar. Sie kündigten ihre Jobs und machten sich mit 80.000 Euro Startkapital selbstständig. Seit Oktober 2003 werden die beiden von ihrer Kundschaft – »Frankfurter, Touristen, Männer, Frauen, alles gemischt, von 15 bis 80« – und von den Medien umschwärmt. Das leckere Sortiment, die aufwändige Schaufensterdekoration und die stilvoll gestaltete Website mit Bestellservice sind ständig in Bewegung. Für ihre Leistung bekamen Bitter & Zart prompt den Frankfurter Gründerpreis 2004. Sabine Seidel ist verheiratet und hat zwei Kinder, Gaby Fürstenberger hat ein Kind und einen Partner.

Bitter und Zart. Wer ist wer?
Sabine Seidel: *Ach, das wechselt, je nach Tagesform und Schokoladengelüsten.*

Man liest, dass auch »Chocolat«, der Film mit Juliette Binoche und Johnny Depp, Ihren Erfolg beflügelt habe?
Sabine Seidel: *Wir haben uns den Film erst viel später angeschaut. Der Vergleich ist zwar ein schönes Kompliment, direkt geholfen hat er nicht.*
Gaby Fürstenberger: *Die Leute wünschen sich so etwas aber. Die kommen rein und sagen: Ach, das erinnert mich so an den Film. Die wünschen sich ja auch, dass es eine Praline gibt, die anregend wirkt, »etwas Stimulierendes«...*

Das ist nicht Ihr Ernst...
Sabine Seidel: *Doch, doch. Da will schon mal die eine oder andere, dass wir eine »Praline für den Mann« mitgeben... Die haben wir aber nicht.*
Gaby Fürstenberger: *Inzwischen wird natürlich viel mehr über Schokolade berichtet. Aber als wir damals angefangen haben, gab es diesen Trend noch nicht. Jetzt machen überall neue Läden auf, zum Teil werden wir sogar um Rat gefragt.*

Welche Sorten sind denn angesagt?
Gaby Fürstenberger: *Bitterschokolade ist schon das Meistverkaufte. Da spielt auch die Gesundheit eine Rolle: Bitterschokolade hat weniger Zucker. Und man kann den Geschmack der Kakaobohne eher erschmecken als bei Milchschokolade. Außerdem merken wir, dass man jetzt gerne Neues ausprobiert. Leute, die immer süße Vollmilch gegessen haben, sagen plötzlich, ich will mal 'ne herbe Vollmilch. Oder sie interessieren sich für Gewürze in der Schokolade.*

Was empfehlen Sie zum Kaffee?
Gaby Fürstenberger: *Zum Beispiel ein »Cuor di Cacao«, eine 75-prozentige Praline, sehr dunkel und cremig, von der Portion her ideal. Auch hübsch sind Löffelchen aus Zartbitterschokolade. Damit kann man den Kaffee umrühren, er schmeckt dann leicht nach Schokolade und es gibt herrliche Kakaospuren beim Rühren. Oder man lässt einfach ein Stück Fudge in den Kaffee fallen, Weichkaramel. Wenn man keine Lust auf Schokolade hat, nimmt man ein weiches Amaretti-Gebäck aus Italien dazu, das ist außerdem wunderschön in Bonbonpapier verpackt.*
Sabine Seidel: *Zur Kaffeerunde empfehlen wir auch Bouchees – große Pralinen, größer als die »Cuors di Cacao«. Da kann man eins nehmen, dann ist man gesättigt. Bouchees sind ein wunderbarer Kuchenersatz und sehen fantastisch aus.*

Und wie halten Sie es selbst mit Kaffee?
Sabine Seidel: *Im Laden trinke ich eher mal eine Tasse Schokolade, das beruhigt mich unheimlich. Natürlich haben wir uns gelegentlich schon einen »coffee to go« geholt, aber eigentlich mögen wir das nicht so. Manchmal machen wir im Laden selber Kaffee, nur wird der leider oft kalt, weil viel los ist. Für Kaffee gilt: Qualität und Zeit! Wir holen nicht irgendeinen Kaffee, sondern den von Wacker, oder bestellen ihn aus Italien. Aber wenn wir Kaffee trinken gehen, dann müssen wir richtig Muße haben, wie jetzt hier im Liebieg-Café.*
Gaby Fürstenberger: *Wenn es schnell gehen soll, dann am liebsten in der Kleinmarkthalle. Dort gibt es einen super Italiener, der hat Mittagessen, und danach gibt es noch einen Espresso, an Stehtischchen. Aber es stimmt: Wirklicher Genuss ist, wenn man sich die Zeit nimmt und mit einer dampfenden Tasse irgendwo angenehm sitzt.*

Was gefällt Ihnen am Café im Liebieghaus?
Sabine Seidel: *Die Räume sind einfach wunderbar. Im Sommer sitzen wir natürlich draußen. Wenn der Oleander blüht, ist das ein Traum hier – eine Oase in der Großstadt, selbst wenn es voll ist. Und: Die haben hervorragenden selbst gemachten Kuchen.*

Kaffeehaus-Kultur in Frankfurt, wie würden Sie die beschreiben?
Sabine Seidel: *Die Café-Stadt für mich ist Wien. Dort sitzen die Leute ewig mit ihren Zeitungen, mit ihrem Wasser und ihrem Käffchen, und es gibt wunderschöne Einrichtungen. Diese Lebensart vermisse ich in Frankfurt, da können wir halt nicht mithalten. Es gibt hier zwar noch ein paar Traditionscafés mit tollem Kuchen, aber manchmal sind die Räumlichkeiten etwas angestaubt.*
Gaby Fürstenberger: *Ich denke, dass sich die Leute mehr Zeit für ein Tässchen nehmen würden, wenn es mehr tolle Cafés gäbe.*
Sabine Seidel: *Wer weiß, vielleicht machen wir ja selber mal ein Kaffeehaus auf...*

Ist da etwa schon was geplant?
Gaby Fürstenberger: *Überhaupt nicht. Aber wer weiß: Wenn wir wieder mal irgendwo davor stehen ...*

CAFÉ IM LIEBIEGHAUS
Sachsenhausen, Schaumainkai 71,
Telefon 63 58 14,
Dienstag bis Freitag 11 bis 20 Uhr,
Samstag 11 bis 18.30 Uhr, Sonntag 10 bis 20 Uhr,
Frühstücksbuffet sonntags bis 14 Uhr, im Sommer
jeden Freitag Gartenkonzerte, ab 20 Uhr

»Wir lieben schöne **Dinge**«

SABINE SEIDEL UND GABY FÜRSTENBERGER, SCHOKOLADENPROFIS

Im kleinsten Café der Stadt gibt es selbst gebackenen Kuchen vom Nachbarn. Der Kaffee ist mit viel Liebe gebrüht, auch dem Auge wird einiges geboten. Das CAFÉ LIEBESDIENSTE und der dazugehörende Friseursalon mit Boutique sind die schönste Frankfurter Umsetzung der Idee, zwei Geschäfte zu verbinden.

Schöner geht es nicht: Stil ist Trumpf – von der Wimper bis zur Kaffeetasse

Rausch in Rosa:
ein wahres Schmuckkästchen
zwischen all den Sachsenhäuser
Apfelweinkneipen

CAFÉ LIEBESDIENSTE

»Unsere Arbeit wollen wir mit viel **Liebe** leisten!«

ANYA JWOBI, CAFÉ-ÄSTHETIN

Lady Marmalade

Die Stimme am Telefon klingt erotisch. »Natürlich kannst Du vorbeikommen«, haucht es durch den Draht. »Wie hättest Du es denn gerne?« Anya Jwobi nimmt auch für ihren besten Freund und Geschäftspartner Oliver Metzler das Telefon ab, um einen Haarschneidetermin zu vereinbaren. Eigentlich ist sie aber Betreiberin des kleinsten Cafés der Stadt – und das liegt nur einen Türspalt vom Friseur entfernt. Das Liebesdienste ist nämlich eine Kombination aus Café und Friseursalon mit Boutique. Frankfurts erster Friseur-Coffeeshop.

Schon damals, als der ausgebildete Friseur Oliver sein Gewerbe noch privat in seiner Küche in Bornheim ausübte, griff Anya zum Hörer, um Termine zu koordinieren. Irgendwann kochte sie den wartenden und unter der Haube sitzenden Gästen einen guten Kaffee. Bald kamen Cappuccino, Espresso und Latte Macchiato hinzu. Auch herzhafter Kuchen ließ nicht lange auf sich warten. Olis Schnitte und Anyas leckere Kaffeevariationen sprachen sich in der Szene herum. Rasch entwickelte sich der Geheimtipp zum beliebten Treffpunkt für Klatsch und Tratsch. So, wie es sich für ein ordentliches Café und einen Friseur auch gehört. Da stellte sich für die beiden natürlich die Frage: »Warum nicht gemeinsam einen Laden eröffnen?«

In Sachenshausen ist Anya in einem schmucken Altbauhaus mit vier Räumen und braunem Holzboden fündig geworden. »Eigentlich wollten wir auf keinen Fall weg von unserem geliebten Bornheim. Sachsenhausen war uns als eher konservativ ein Begriff«, gesteht die gebürtige Münchnerin ihre Vorurteile. Doch nach zwei Jahren im Apfelweinviertel ist die Liebesdienerin hier »sehr glücklich«. Kein Wunder: Das Liebesnest ist zu einem wahren Schmuckkästchen zwischen all den vielen Gartenlokalen gewachsen. Rosa Farben, selbst gemalte Bilder an den Wänden und kleine Tische mit Kaffeetassen aus den Achtzigern locken bei der hübschen Anya zum Verweilen. Eine Markise schützt vor allzu vielen Sonnenstrahlen, ein kräftiger Kronleuchter prangt herrlich von der Decke. Auch draußen gibt es im Sommer Stühlchen und eine Fensterbank – mit bestickten Sitzkissen darauf.

»Unsere Arbeit wollen wir mit viel Liebe leisten«, erklärt Anya den Namen der nicht alltäglichen Geschäftskombination. Sehr lieb sind auch die Nachbarn: Ob Stachelbeer-, Nuss-, Apfel- oder Käsesahnekuchen – alles was im Liebesdienste auf der Theke steht, kommt frisch gebacken aus den Wohnungen rings um Frankfurts originellstes Café. Anya hatte einfach einen Zettel mit »Wer backt gerne Kuchen?» aufgehängt. »Der Zuspruch war enorm«, freut sich die gelernte Heilpraktikerin. Einmal im Monat finden hier bei Kaffee und Kuchen auch Lesungen statt.

Olivers Friseurgeschäft und die dazugehörende Boutique mit ausschließlich eigenen Entwürfen für Kleider und Accessoires – natürlich mit dem Markennamen »Liebesdienste« – erfahren wie das Café regen Zuspruch der unterschiedlichsten Kunden. Als Haarstylist und Make-up-Experte putzt der Fashionist meist Katalogmodels und Laufstegschönheiten für Fotoshootings heraus. Natürlich beherrscht er auch die Kunst, die Lockenwickler für Sachsenhausens Seniorinnen zu drehen. In Sachen Styling ist er außerdem in Frankfurts Weltstadt-Diskothek Cocoon-Club unterwegs. Dort schminkt und föhnt er die Tänzerinnen. Manchmal gibt er im Laden auch Tipps für die schnelle Frisur vorm heimischen Spiegel, unter dem Motto: »Wie ich es mir am schönsten selber mache«. Ab und zu versammelt Oliver die Mitarbeiter im Café, und dann, in den Abendstunden, streifen die Liebesdienstler als »Fashion Police« durch die Stadt. »Wer sich geschmackvoll kleidet, bekommt ein Armbändchen von uns«, verrät er das Konzept. »Kritik gibt es nämlich nicht«, sagt Oliver. »Nur Lob.« Die wahren Liebesdienste eben.

CAFÉ LIEBESDIENSTE

Sachsenhausen, Textorstraße 24,
Telefon 60 62 97 60,
Montag bis Samstag 9 bis 20 Uhr
www.liebesdienste-am-main.de

Am Dach, im Giebelfeld über den Arkaden, sieht man noch das martialische Ensemble von Speeren und Rüstungen

Zentraler gehts nicht.

Und historischer auch nicht. Das Gebäude des CAFÉ HAUPTWACHE hat nicht nur eine bewegte 275-jährige Geschichte hinter sich, es lässt auch an die vielen prunkvollen Kaffehäuser denken, die es in Frankfurt einmal gab.

CAFÉ HAUPTWACHE

Wo einst bewacht und
geschossen wurde, kann
man heute nett essen
und tratschen.
Über Männer vielleicht?

»Gehen Sie mal bei schönem Wetter über den **Paulsplatz**,
da reichen die Stuhlreihen der Bistros fast bis zur Paulskirche.
Das gab es vor 30 Jahren nicht!«

WOLFGANG KLÖTZER, HISTORIKER

CAFÉ HAUPTWACHE

City, An der Hauptwache 15,
Telefon 21 99 86 27,
Montag bis Samstag 10 bis 1 Uhr,
Sonntag 12 bis 20 Uhr

Zu Gast im alten Frankfurt

Im 18. Jahrhundert stand auf diesem Platz ein Holzbau. Mit Pranger und Schandesel. Auf den wurden die straffällig Gewordenen gesetzt und durften sich anspucken lassen von der grölenden Menge.« Der Mann im eleganten Sommeranzug lächelt. Achtzig Jahre ist er alt, aber man merkt es ihm nicht an. Seine Stimme klingt fest, die wachen Augen funkeln. Ruhig nimmt er einen Schluck Kaffee, dann erzählt er weiter. »1729/30 wurde hier die Hauptwache erbaut und von den Stadtsoldaten bezogen. Am Dach, im Giebelfeld über den Arkaden, sieht man noch das martialische Ensemble von Speeren und Rüstungen – alles, was auf die militärische Nutzung hindeutet.«

Die Hauptwache ist schon lange Café. Aber wenn man Wolfgang Klötzers Ausführungen lauscht, verändert sich der Blick. Alte Stadtmauern wachsen aus dem Boden, die schicken Geschäftsleute und Touristen, die sich an den umliegenden Tischen einen Latte Macchiato gönnen, werden nach und nach zu Menschen in der Tracht vergangener Jahrhunderte. Und plötzlich taucht man ein in Geschichte. Erlebt mit, wie 1769 Johann Erasmus, der jüngste der drei Senckenberg-Brüder, wegen Urkundenfälschung in ein Eckzimmer im Oberstock der Wache gesperrt wird, bis zu seinem Tod 25 Jahre später; erschaudert, als 1772 die Kindsmörderin Susanna Margaretha Brandt nur Schritte entfernt, neben der Hauptwache, mit dem Schwerte hingerichtet wird; grüßt den vorbei eilenden Goethe, der sich von der Brandt zum »Gretchen« im »Faust« hat inspirieren lassen; oder zittert mit beim Frankfurter Wachensturm 1833, zur Zeit des monarchisch-konservativen Deutschen Bundes: Aufgebrachte Demokraten greifen die Wache an und befreien die politischen Gefangenen. Menschen sterben. Noch einmal fließt hier Blut, 1920: Der erste Weltkrieg ist vorbei, das Rheinland von den Siegermächten besetzt. Im April marschieren überraschend Franzosen in die Grenzstadt Frankfurt ein, die Hauptwache, seit 1903 Café, wird von algerischen Schützen besetzt. Als sich Schaulustige zu weit vorwagen, wird das Feuer eröffnet. Neun Tote und 26 Verletzte sind die Folge.

Wolfgang Klötzer weiß, wovon er spricht. Der 1925 in Wiesbaden-Biebrich geborene Historiker und Archivar war Geschäftsführer des Frankfurter Geschichtsvereins und der Frankfurter Historischen Kommission, Honorarprofessor für Geschichte an der Goethe-Uni und – von 1983 bis 1990 – Leitender Direktor des Frankfurter Stadtarchivs. Neben zahlreichen Büchern zur Frankfurter Stadtgeschichte und zur deutschen Einheits- und Freiheitsbewegung 1848/49 hat er 1990 mit »Zu Gast im alten Frankfurt« auch einen Band über die Gastronomie vergangener Zeiten veröffentlicht. Das Buch ist vergriffen. Doch im Gespräch an der Hauptwache erstehen sie noch einmal auf, die großen Frankfurter Kaffeehäuser. Oft waren sie im Wiener Stil gehalten, weil »auch auf Grund der diplomatischen Konstellationen« die Stadt lange Zeit eher mit dem charmanten Österreich geliebäugelt hatte als mit dem strikten Preußen. Das erste Frankfurter Kaffeehaus machte 1689 in der Bleidenstraße auf, im 18. und 19. Jahrhundert gab es Cafés überall. Oft residierten sie in prunkvollen Gebäuden, auf zwei Etagen, mit bis zu 100 Zeitschriften und Tageszeitungen im Angebot. Es gab Raucher-, Billard- und Damensalons – für die unterschiedlichsten Bedürfnisse. Fast jedes dieser Cafés zog eine eigene Szene an, Politiker, Schauspieler, Künstler, Journalisten. Zu den berühmtesten gehörten das Milani (im heutigen Kaufhof an der Zeil), das Bauer am Schillerplatz (dort ist heute ein Laden von WMF), das Buerose am Hauptbahnhof, die jüdischen Cafés Goldschmidt (Allerheiligengasse) und Esplanade (Taunusanlage/Opernplatz) sowie das Rumpelmayer im Fürstenhof am Willy-Brandt-Platz, »ein Modecafé und Treff der Jeunesse dorée«.

Nur wenige Schritte von der Hauptwache entfernt residierte das vornehme Hotel Pariser Hof mit dem Grand Café Bristol – genau dort, wo ab 1951 das Café Kranzler eröffnete. Das Kranzler gab es vergleichsweise kurz, aber der Name prangt noch heute an der jetzt glanzlosen Fassade. Auch unter den vielen anderen Cafés des 20. Jahrhunderts gibt es einige Fast-schon-Legenden: das Schwille in der Fressgass etwa oder das spektakuläre Café Wipra in der Neuen Kräme. Seinen Namen hatte es von der Betreiberfirma »Wieczorek Pralinen«, außerdem hieß es Café der Tierfreunde: weil es einen kleinen Zoo mit Äffchen, Fischen und Papageien beherbergte.

Wolfgang Klötzer nippt an einem Mineralwasser mit Kohlensäure. Seine Kehle ist trocken, vom vielen Erzählen. Schmunzelnd erinnert er sich, wie die Hauptwache 1963 für den U-Bahn-Bau abgebrochen und 1968 originalgetreu wieder aufgebaut wurde. Ein seltener Fall von Denkmalpflege. Dass viele der alten Prachtbauten nicht nur im Krieg zerstört, sondern auch ganz bewusst abgerissen wurden, um Platz für profitablere Neubauten zu schaffen, empört ihn nicht unbedingt. »Frankfurt hat sich immer gewandelt. Wir sind doch nicht in Dinkelsbühl!« Wolfgang Klötzer ist »mit Begeisterung Frankfurter«. Nach einer »unwirtlichen Phase in den Sechziger- und Siebzigerjahren« ist für ihn die Stadt »mit ihren vielen Facetten und der imposanten Hochhauskulisse« wieder »liebenswert und urban« geworden: »Gehen Sie mal bei schönem Wetter über den Paulsplatz«, rät er zum Schluss, »da reichen die Stuhlreihen der Bistros fast bis zur Paulskirche. Das gab es vor 30 Jahren nicht!«

Schon die Kuchentheke ist eine Augenweide. Auch die Einrichtung, die Terrasse und der Service haben Stil. Ins SIESMAYER kommt ein internationales Publikum zu Kaffee und Kuchen, zu Lunch und Dinner – und zum Blick auf den schönen Palmengarten.

Stimmiges Design: Schicke Pflanzen gibt es nicht nur draußen im Palmengarten

S I E S M A Y E R

Viel Platz, viel Licht und Natur pur: Großzügiger gehts nicht

»Wenn ich draußen bin, eine schöne Blume sehe oder intensive Farben, dann bekomme ich plötzlich Ideen, was ich backen könnte«

TOMOMI SUGIMOTO, KONDITORIN

Alice im Kuchenland

»Wenn ich draußen bin, eine schöne Blume sehe oder intensive Farben, dann bekomme ich plötzlich Ideen, was ich backen könnte. Wie es aussehen, wie es schmecken soll.« Die Frau in der weißen Kochmontur schaut in die Luft, ihre Lippen umspielt ein schüchternes Lächeln. Leise spricht sie, als wolle sie die malerisch vor uns auf dem Tisch drapierten Tortenstückchen nicht in ihrer Ruhe stören. »So geht es mir auch mit Düften.«

Tomomi Sugimoto ist eine außergewöhnliche Konditorin. Zurückhaltend, auf überraschende Weise inspiriert, fast ein wenig verträumt. Vor allem die Herkunft irritiert: Tomomi kommt aus Japan. Ein bisschen denkt man an Alice im Kuchenland, wenn sie von ihren Ideen und von ihrer großen Leidenschaft erzählt. Nicht das »aus Bohnen oder Kastanien gemachte, fettarme« Traditionsgebäck ihrer Heimat übt die große Faszination auf sie aus, sondern die wunderbare Welt der Obst- und Sahnetorten, der Baisers, der Tartes und Eclairs. Wobei sie die französische Patisserie mit ihrem Sinn fürs »optisch Ansprechende« und »geschmacklich Raffinierte« noch ein wenig aufregender findet als die »bodenständigere« deutsche Art der Kuchenherstellung.

Wie die Heldin in Lewis Carrolls »Alice im Wunderland«, die einem sprechenden Kaninchen in ein Zauberreich folgt, scheint auch Tomomi von einer wunderbaren Macht geleitet: der Magie der Süßspeisen. Fünf Jahre lang hatte sie als Goldschmiedin gearbeitet, bevor sie in Kobe, wo sie aufwuchs, bei einer französischen Bäckereikette anfing. Frankreich war ihr Traum. Doch dann verschlug es sie nach Deutschland. »Gut«, sagte sich die unerschrockene Bäckerin, »das ist auch in Europa. Und auf der Karte gleich neben Frankreich!« Erst in Düsseldorf, dann im Schwarzwald verfeinerte sie ihre Kunst, Ende 2002 rief Frankfurt. Eine Zeit lang arbeitete Tomomi im renommierten Tigerpalast, dann stürzte sie sich in die Vorbereitungen für das Siesmayer, das die Tigerpalast-Macher Robert Mangold, Margarete Dillinger und Johnny Klinke nach einer Konzeption von Mangold im Mai 2004 eröffneten.

Hier ist die 33-Jährige Leiterin der Backstube und vor allem zuständig für die Patisserie. So versiert und erfindungsreich geht sie dabei ans Werk, dass selbst Gourmets und Meisterkonditoren Augen machen. Tomomi liebt es, Neues zu kreieren – nach Lust und Laune, es muss vor allem ihr selber schmecken. Auch Klassiker werden variiert, von der Zubereitung her und im Aussehen. So ist ihre ganz persönliche Schwarzwälder-Kirsch-Variation nicht etwa ein großes Rund, aus dem man gefährlich wankende Stücke in der Form des Frankfurter Museums für Moderne Kunst herausfiletiert, sondern ein eigenständiges kleines Ein-Personen-Törtchen: In den Grundzutaten und im Kirschwasser-Anteil orientiert es sich zwar am traditionellen Rezept, aber den üblichen Tortenboden ersetzt ein Spezial-Biskuit, Mehl wird nicht verwendet.

Längst hat sich Tomomis Ruf über die Stadtgrenzen hinaus verbreitet, selbst in internationalen Chat-Foren wird sie schon geehrt. Dabei klingen ihre Backprinzipien wenig spektakulär: »Nur frische Zutaten verwenden, das schmeckt besser und ist gesünder.« Klar. »Auf jeden Fall mit den Früchten der jeweiligen Saison arbeiten.« Macht Sinn. »Und, ganz wichtig: auf das Aussehen achten.« Logisch, das Auge isst ja mit. Aber was ist ihr eigentliches Geheimnis? »Hm«, überlegt Tomomi und hat wieder dieses schüchterne Lächeln auf den Lippen: »Man muss mit Herz backen. Und mit Liebe.« Mehr zu diesem Thema wird man von ihr nicht hören. »In Japan bleibt vieles ungesagt, man spricht eher mit den Augen«, erklärt sie die größten Unterschiede zwischen ihrer Heimat und Europa. »Hier dagegen wird eine Menge geredet, aber es dauert lange, bis man sich verständigt.« Auch wenn sie sich längst eingelebt hat, in der Backstube ihre Frau steht und den Kontakt mit vielen unterschiedlichen Nationalitäten schätzt – manchmal muss sie »zu Hause die deutsche Sprache einfach abschalten.« Dann liest sie die abgelaufenen Ausgaben der japanischen Zeitungen, die im Siesmayer ausliegen, oder japanische Krimis. Zeit für ihren Freund muss ebenso sein wie für den einen oder anderen Besuch im Fitnessstudio. Denn die Kaloriengeister, die sie Tag für Tag beim Zaubern im Siesmayer ruft, wird auch sie nicht ohne Kampf wieder los.

Tomomi steht erst am Anfang ihrer Karriere. Da sind wir natürlich gespannt, was wir noch alles erwarten dürfen. »Ideen habe ich viele«, lächelt sie und räumt vorsichtig ein: »Ich würde gern mal den Frankfurter Kranz variieren, mit einer leichteren, leck'reren Buttercreme, und mit einer anderen Optik.« Doch es gibt ein Problem: »Viele Deutsche haben die Tradition im Kopf: Wenn da mal keine rote Marmelade drin ist, beschweren sie sich schon.« Wir finden: Tomomi sollte es ruhig versuchen. Schließlich hat auch ihr Schwarzwälder-Kirsch-Törtchen bisher jeden Gast verzaubert.

SIESMAYER
Westend, Siesmayerstraße 59,
Telefon 900 29 200, ganzjährig 7.30 bis 24 Uhr,
selbst gemachtes Eis, leichte deutsche Küche
www.palmengarten-gastronomie.de

Was wohl Henry David Thoreau zu dieser gut bestückten Bar gesagt hätte?

Einfachheit muss nicht stillos sein: Ein Hauch von »Barbarella« weht durch dieses Café

WALDEN

Helle Wände und ein weißer Fliesenboden. Die Tische hellblau und mintgrün. Kann das denn gemütlich sein? Es kann. Das **WALDEN** glänzt mit einer futuristischen Bonbon-Ästhetik, zieht die Blicke auf sich und ist, hat man sich an die puristische Einrichtung gewöhnt, ein ganz normales, nettes Stadtcafé.

Mister Innenstadt

Thomas Klüber ist waschechter Frankfurter, das Gastronomiehandwerk hat er per Fremdenverkehrsstudium in Österreich gelernt. Der 40-Jährige ist aber nicht immer konventionelle Wege gegangen. In den Schulferien arbeitet er bei Burger King, um »die hohe Kunst der Systemgastronomie zu verstehen«. Auch mal bei Lufthansa, »um einen normalen Job zu machen«. Er begeistert sich für Mode und Textilien, schnuppert in die Werbebranche hinein. Nach dem Abitur lebt er eine Zeit lang in Casablanca, der Heimat seines marokkanischen Vaters. Frankfurt lässt ihn trotz der vielen Auslandserfahrungen nicht los. Er kehrt zurück und eröffnet 1990 im Alter von 25 Jahren seinen ersten Laden: das Tagtraum, eine Cafébar mit Bistroküche. Es folgt die urige Bierkneipe Paulaner im Frankfurter Nordend, der erste Laden der Stadt mit »Wischtechnik« an den Wänden. Klüber: »Damals war das hip, heute kann es niemand mehr sehen.« Mit Matthias Pfeifer trifft er einen alten Schulkameraden. Die beiden eröffnen die Real Kantine an der Hauptwache im Herzen der Stadt, es folgt die schicke Lounge in gut 300 Metern Entfernung. Sein Meisterstück liefert das erfolgreiche Gastroduo 1998 mit der Studio Bar ab. Direkt neben der Real Kantine führt ein verspiegelter Treppenaufgang zum Penthouse mit Diskokugeln und faszinierendem Lichtkonzept. »Bordello-Chic« nennt es Klüber. Tatsächlich aber spiegeln seine Einrichtungsideen oft den Spagat zwischen der westlichen und der arabischen Welt – der Welt seiner Mutter und der seines Vaters. 2005 trennt er sich von Pfeifer. Trotzdem sagt er: »Zehn Jahre erfolgreiche Zusammenarbeit muss man erst mal schaffen.« Fakt ist: Die Frankfurter Innenstadt hat Thomas Klüber mit seinen Läden regelrecht wachgeküsst. Walden heißt sein jüngster Coup – wieder ein Szenespot, wieder in der City. Unten Café, oben Bar, draußen Terrasse. »Eisdielen-Charme«, sagen Kritiker über das für Frankfurt nicht gewöhnliche Objekt, »futuristisch, cool und herrlich puristisch« lautet die Meinung der Fans. Wieder einmal spaltet der Macher Klüber die Geister, vor allem die der Konkurrenz. Und gerade das scheint Mister Innenstadt viel Spaß zu bereiten.

Woher kommt der Name dieses Cafés?

Ursprünglich wollte ich es Weißer Adler nennen, weil die Weißadlergasse hier vorbeiführt. Das erinnert natürlich sehr an ein traditionelles Gasthaus. Über den Adler kam ich aber auf Tiere, von dort auf Wald. Und irgendwie dann auf Henry David Thoreaus Kult-Tagebuch »Walden« aus dem 19. Jahrhundert. Der Autor und Philosoph hat damals mit einfachsten Mitteln in einer selbst gebauten Blockhütte an einem See namens Walden Pond gelebt. Ich bin ein Fan von ihm. Stylish, modern, futuristisch, ein bisschen frech kommt der Laden daher.

Und die Verbindung zur Natur?

Das Schlichte ist die Gemeinsamkeit. Die einfachen Dinge im Leben sind wichtig. Nichts Überflüssiges. So ist es in der Natur, so ist es hier. Theke, Tische, bequeme Stühle – das soll für die Einrichtung reichen. Durch den puristischen Stil soll der Mensch wieder mehr Aufmerksamkeit bekommen. Viele Cafés verschlucken mit warmen, beigen Farben ihre Gäste und sie sehen alle gleich aus. Im Walden sind die Gäste, etwas schräg formuliert, die Dekoration.

Und der Gastronom erspart sich teure Investitionen ...

Schlicht heißt nicht, dass es billig ist. Das gilt gerade beim Mobiliar. Keine Angst, auch hier haben die Planung, das Bauen und die Einrichtung Geld gekostet.

Wie kommt der Laden bei den kritischen Frankfurtern an?

Das Walden ist nicht mit meinen anderen Läden zu vergleichen. Auch ich habe mich entwickelt, das sieht man den Objekten an. Die City hat mal etwas Neues und Frisches gebraucht. Interessant zu beobachten ist, wie die Leute zögerlich und etwas irritiert durch die Tür hineinschauen und ganz vorsichtig den weißen Fliesenboden betreten. Ich bringe sie zum Nachdenken, polarisiere eben. Doch auch die ärgsten Kritiker kommen mittlerweile öfter.

Die meisten Läden der Stadt funktionieren als Allround-Objekte. Wie ist es im Walden?

Wichtig ist der klare Unterschied zwischen dem Café im Erdgeschoss und der Club-Bar im 1. Stock, die ja auch dazugehört. In der Club-Bar dominieren warme Schokoladentöne, das schafft eine warme Atmosphäre – auf den ersten Blick sehr gegensätzlich zum Café. Doch auch oben ist die Einrichtung eher schlicht gehalten. Tagsüber sitzen die Leute unten. Abends und nachts oben. Da kommt Bewegung in die Sache.

Bei aller Liebe zur coolen Einrichtung – zählt nicht letztlich das gesellige Zusammensein?

Das schließe ich ja im Walden nicht aus. Im Gegenteil. Im Übrigen ist der Unterschied zu einem Gasthaus nicht groß. Unterschiedliche Menschen sind jederzeit willkommen, die Preise nicht allzu teuer, und auch der Wirt ist fast immer da.

WALDEN

Innenstadt, Kleiner Hirschgraben 7,
Telefon 92 88 27 00,
Montag bis Freitag 8 bis 1 Uhr,
Sonntag 9 bis 18 Uhr
www.walden-frankfurt.com

»Die einfachen Dinge
im Leben sind wichtig«

THOMAS KLÜBER, GASTRO-NATURTALENT

KINDER-CAFÉ ZEBULON

Jeden letzten Freitag im Monat kommt sogar eine Schaupielerin ins Zebulon, um die Kids zu unterhalten

Das Durchschnittsalter ist ziemlich niedrig. Kein Wunder: Im CAFÉ ZEBULON regieren die Kinder – schwingen am Seil durch den Raum, brummen auf Plastikbaggern vorbei oder sausen die lange Rutschbahn runter. Während Mama und Papa ganz lässig bei Erdbeerkuchen die Zeitung lesen.

Kaffee, Kuchen, Kaspereien:
Das Zebulon ist ein Paradies
für Groß und Klein

Kein Tag wie jeder andere

Bringen Luiza, auch Lulu genannt, Jonah und Sabine einen Brief zur Post, kann das schon mal ein wenig länger als bei anderen Menschen dauern. Bevor die Drei im Frankfurter Westend auf die Straße tapsen, sind erst noch ein paar Fragen zu klären: Waren alle nochmal auf der Toilette? Hat jeder etwas getrunken? Genug gegessen? Sind die richtigen Schuhe am Fuß, die dicken Jacken übergestreift? Sollen wir die Fahrräder nehmen? Noch einen Pullover zur Sicherheit? Was ist mit dem Turnbeutel? Upps, fast hätten wir den Föhn vergessen! Wie ein Pilot vor dem Start arbeitet Sabine Lux akribisch die Checkliste für den täglichen Ausflug in die Welt da draußen ab. Nachlässigkeiten kosten Zeit. Können den Tagesausflug blitzschnell im Desaster enden lassen. Oder Mama einfach nur viele Nerven kosten. Wer Kinder hat weiß so etwas. Und ist dann endlich alles erledigt, die Familie aus der kuscheligen Altbauwohnung im ersten Stock nach unten gepurzelt, sind die Jacken hoch geschlossen, die Nasen noch einmal geputzt, sitzen die dreijährige Lulu und der ein Jahr ältere Jonah auf ihren kleinen Rädchen, brav und ordnungsgemäß mit Helmen auf den Lockenköpfchen, ist das alles geschafft, dann weiß die 37-jährige Mutter Sabine: Die Show kann beginnen!

»Vorsicht, nicht über die Straße! Rast nicht so! Kommt, Kinder, hier entlang! Jonah, wir gehen später ins Schwimmbad. Na gut, auch mal kurz im Park vorbei. Versprochen. Ein bisschen schneller bitte. Auf, auf, Ihr Schnecken. Wie, Lulu – Du hast schon wieder Hunger?« Sabine gerät in solchen Momenten leicht ins Schwitzen. Kurze Zeit später erreichen alle wohlbehalten die Post. Die erste Etappe. Verdächtig reibungslos parken die Kinder die Räder, nehmen die Helme ab und stürmen die Treppe hinauf. Allerdings hängen dort neben der Warteschlange schon die nächsten Schocker für Mama Sabine: Diddlmäuse – der personifizierte Horror aller Eltern. Von den Post-Marketingstrategen wohl absichtlich in provozierend niedriger Höhe aufgehängt, glotzen die grauen Hartgummitierchen den Kleinen in die Augen. Zu spät: Auch Lulu und Jonah starren wie hypnotisiert. Ein Kampf entbrennt. »Nein, das kaufen wir nicht, so ein Schwachsinn«, argumentiert Sabine, »schaut doch mal, wie hässlich die sind. Jedes Mal die gleiche Situation. Wie oft soll ich das noch erklären? Lasst uns lieber ein Eis kaufen!« Interessiert schauen die wartenden Erwachsenen zu. Eine unangenehme Situation, die Mütter so gar nicht mögen: Alles guckt, wie die Sache pädagogisch gelöst wird. Da Lulu und Jonah gut geschlafen haben, auch ausnahmsweise einer Meinung sind, schon zwei Mäuse in den Grabschhändchen halten und mit großen, lieben Kulleraugen ihre Mama anschauen, scheint diese an der »Aufgabe des Tages« zu scheitern. Doch die Natur kommt ihr zur Hilfe: Die kleine Lulu macht in die Hose. Nichts wie raus aus der Post!

Im angrenzenden Holzhausenpark beruhigt sich Sabines Puls. Hier gibt es höchstens echte Mäuse, viel Platz, keinen Straßenverkehr, noch mehr Kinder und befreundete Schicksalsgenossinnen: jede Menge andere Mütter. Wie Enten um einen Teich quaken und toben geschätzte 100 Kinder auf dem Spielplatz. Lulu und Jonah haben die Diddlmäuse längst vergessen und tauchen ein in das Kinderdorf mitten in der Stadt. Schaukeln, im Sandkasten buddeln, zwischen den Bäumen »Verstecken« spielen. Sabine nutzt die Gelegenheit für eine Zigarette und einen Plausch mit den Freundinnen: über Nebenjobs, den idealen Kindergartenplatz und abgespannte Ehemänner. Themen junger Mütter halt.

Die Atempause ist kurz. Jonahs wöchentlicher Schwimmkurs beginnt um drei. Ein paar Meter mit Schwimmärmelchen hin und zurück reichen zwar noch nicht fürs »Seepferdchen«, die Lehrerin, Frau Claas, vergibt dafür aber schon mal das »Gelbe Quietscheentchen«. Nach 45 Minuten Planschen heißt es, den Lockenkopf zu föhnen und Jean-Luca, Jonahs bestem Freund, »Tschüss« zu sagen. Ungeduldig zieht Lulu, die noch nicht mitschwimmen darf, am Jackenzipfel ihres Brüderchens. Müde scheinen die beiden bislang nicht zu sein. Im Gegenteil, jetzt geht es endlich ins Bockenheimer Spiel-Café Zebulon. Ein wenig im Hinterhof versteckt, ist dieser Ort ein Paradies, für Kinder und Eltern gleichermaßen. »Hier kommen wir alle auf unsere Kosten, die Mama und die Kinder.« Schon schlägt Jonah auf der Turnmatte Purzelbäume, während Lulu die Spielzeugkiste untersucht. Bei einem Milchkaffee atmet Sabine zum zweiten Mal an diesem Tag tief durch.

Sieben Uhr abends, endlich wieder in der Wohnung. Zwei weich gekochte Eier, Spaghetti mit Buttersoße, nach so einem ereignisreichen Tag kommt das Lieblingsessen von Lulu und Jonah gerade recht. Anschließend wird noch gebadet. Plötzlich hören die Kinder das lang ersehnte Geräusch eines Schlüssels, der sich im Haustürschloss dreht. »Papa, Papa«, schreien sie und stürmen auf Sabines Ehemann Jürgen zu. Der nimmt freudig seine Kleinen auf dem Arm und hört sich erst mal die Geschichten des ereignisreichen Tages an. Eine Kassette mit Kindergeschichten wiegt kurz darauf beide in den Schlaf. »Gehen wir morgen wieder zur Post?«, fragt Jonah noch, Lulu schläft bereits. Wenig später auch er. Sabine brütet vorm PC, die Prüfung als Gesundheitstrainerin steht in der nächsten Woche an. Wenn Jonah und Lulu in den Kindergarten gehen, hat die junge Mutter endlich Zeit für einen abwechslungsreichen Job. Auch Sabine, die ganz früher als Partymaus um die gleiche Uhrzeit nach Hause kam, zur der sie heute aufsteht, ist ein wenig müde. Schließlich war das ja auch kein Tag wie jeder andere. Nur so ähnlich.

KINDER-CAFÉ ZEBULON

Bockenheim, Grempstraße 23,
Telefon 77 35 54,

Montag bis Samstag 15 bis 18 Uhr,
Sonntag 9 bis 18 Uhr,
in den Schulferien geschlossen

»Hier kommen wir alle auf unsere Kosten, die Mama und die Kinder!«

JONAH, SABINE UND LULU, EINE SCHRECKLICH NETTE FAMILIE

STARBUCKS

In den Siebzigern war die Fressgass eine viel befahrene Straße

Starbuck heißt ein Matrose in »Moby Dick«. Nach ihm nennt sich jene Coffee-House-Kette aus Seattle, die seit 1982 die amerikanische Interpretation der italienischen Kaffeebar in die Welt trägt. Bürovolk, Shopper, Studis, Senioren – alle schätzen Corporate Design, Muffins, flavored coffee & Co. Im **STARBUCKS** auf der Fressgass war einst das bekannte Café Schwille.

Die Große Bockenheimer Straße ist nicht nur eine Fress-, sondern auch eine Sitz- und Flaniergass

Zocker-Report

Er sitzt am Fenster, natürlich! Mit Blick nach draußen. Wo sein Luxuswagen parkt. Wo das Volk vorbeiflaniert und mancher respektvoll grüßt. Genau so hat er sie in seinen Romanen beschrieben, in »Der Frankfurter Spekulant«, »Exil Ibiza« oder »Lebenslänglich Cote d'Azur«: Macher-Typen im Rampenlicht. Am Handgelenk die edle Uhr, die Tagszeitung im Anschlag. »Tach!«, sagt Klaus Barski mit Gewinnerlächeln und bittet an seinen Tisch. Die Starbucks-Gäste schauen auf. »Dann sach ich Ihnen mal, wie das damals hier lief, im Schwille.« Und schon beginnt er zu erzählen. Dass einem ganz schwindelig wird.

Barski, Baujahr 1943, erzählt so, wie er schreibt. Flott, ein bisschen räuberpistolenhaft, aber immer intensiv. Roter Faden: der »arme Schlucker«, der es zu etwas gebracht hat; und der jederzeit alles wieder verlieren kann. Manchmal fragt sich der Zuhörer: Was ist wahr? Und was Fiktion? Irgendwie hat Barski selbst zur Immobilienmakler-Szene gehört, die sich in den Siebzigern hier auf der Fressgass traf, im plüschigen Traditions-Café Schwille. Es war die Zeit der mutigen »Habenichtse« und waghalsigen »Hasardeure«, der »rassigen Blondinen«. Es ging um »aufsteigen«, »Jet-Set«, »Kohle machen«. Barski ist vielleicht der einzige Autor, der diesen Ausschnitt aus dem Schwille-Kosmos literarisch verarbeitet hat. Und er gehört zu den wenigen »Überlebenden«, die auch heute noch regelmäßig kommen – obwohl hier jetzt ein Coffee-House steht.

»Das Schwille damals war doppelt so groß. Es ging bis zur nächsten Straßenecke, draußen fuhren noch Autos.« Und das Publikum? »Ein Drittel hausbackene Leute. Ein Drittel Angestellte, Schüler, Studenten. Und ein Drittel junge Geschäftsleute oder Leute, die ins Geschäft kommen wollten: Abenteurer, Hasardeure. Die saßen hier vorne am Fenster, das sich im Sommer aufklappen ließ: um ihren Erfolg zu zeigen und das Volk zu beobachten. Da konnte man sich auch nicht so einfach hinsetzen, da wurde man weggeekelt.« Barski dreht auf: »In meiner Glanzzeit bin ich hier mit meinem Original-Mercedes 600er Pullmann vorgefahren, mit Trennscheibe, Rosenholzklapptischchen und gekühlter Bar. Der gleiche, den der Schah von Persien hatte!« Und wer waren die Herren am Fenster? »Der berühmte Frankfurter Metzger mit seinem Rolls-Royce. Der legendäre Bezirksschornsteinfeger, so ein halber Playboy mit Rennwagen. Millionenschwere Gebrauchtwagenhändler und Medienunternehmer, Teppichhändler oder Besitzer von Rotlichtbetrieben, oftmals Söhne aus Frankfurter Dynastien.« Und Barski mittendrin? »Ich habe mich anstecken lassen, ebenfalls Geschäfte gemacht – aber auch den Absturz einiger Leute erlebt.«

Ein Schluck aus der Starbucks-Tasse, dann rattert die Erzählmaschine weiter: »Gerade in Frankfurt konnte man, wenn man gewitzt war, auch als Habenichts erfolgreich sein. Das lag an der Internationalität, an den Banken. Dann kam der Immobilien-Boom. Und eins der Phänomene, die unter anderem hier im Schwille geboren wurden, war das so genannte Aufteilungsgeschäft: Du suchst dir für wenig Geld ein altes Mietshaus aus der Zeitung, teilst es in lauter Eigentumswohnungen, verkaufst es für das Dreifache und verdienst an einem Wochenende eine halbe Million.«

Aha. Klingt simpel! Doch ehe man nachhaken kann, wird man erneut fortgerissen – von Barskis Leben. Einem Leben, das so vollgepackt wirkt wie zwei: geboren in Bremen-Vegesack, Arbeiterfamilie. Mit 13 von der Schule, »Hafenkneipen mit ausgestopften Alligatoren versorgt«. Lehre als Verlagskaufmann, Hilfsarbeiter auf Sylt, dann Straßenmaler in Frankreich. Bundeswehr, Liebäugeln mit der Fremdenlegion, plötzlich Frankfurt. Werbefachschule, Werbeassistent, Leiter einer eigenen Firma, später Werbechef von Singer Nähmaschinen Deutschland, Gutleutstraße. Bei Schwille um die Ecke lernt Barski Bonnie kennen: eine amerikanische Philologin, mit der er seit 1967 verheiratet ist und einen Sohn hat. Wieder Gründung einer Werbeagentur, parallel dazu Immobiliengeschäfte: der große Reibach. Dann der Luxus-Ausstieg: sechs Jahre Ibiza, schließlich 16 Jahre Florida: Besitzer eines Hotels und eines Fischereihafens, »bis es genug war«. Aber: In Florida entdeckt Barski das Schreiben.

STARBUCKS

Innenstadt, Große Bockenheimer Straße 50,
Telefon 13 38 79 69,
Mo-Do 8-23, Fr 8-23.30, Sa 9-23.30, So 9-23 Uhr
Weitere Filialen: Braubachstraße 36, Kaiserstraße 20,
Neue Mainzer Straße 66, An der Welle 4, Börsenplatz 1
www.starbucks.de

Wir sind im Hier und Jetzt angekommen, der Erzählstrom wird ruhiger. Das Millionärspaar wohnt heute in Königstein, den Sommer verbringt es in Cannes. Barski schreibt und promotet seine »gehobene Unterhaltungsliteratur«, die, jawohl, »irgendwann die SPIEGEL-Bestsellerliste knacken soll«. Er sammelt Kunst, »Barockoko«.

Er kennt die Nobel-Cafés der Welt, aber möchte das Starbucks hier nicht missen. Und warum nicht? Nostalgie. Weil man dort lange sitzen darf. Und: Ihm gefällt, »dass Frankfurt so klassenlos ist. In Kaufhäusern und Cafés, überall triffst du den armen Schlucker wie den Millionär.« Da ist es wieder, sein Lieblingsmotiv.

Zwei Stunden lang gibt Barski alles. Und bleibt doch ein Rätsel. Wer ist dieses 62-jährige Unikum, das den Jetset-Zocker genauso überzeugend gibt wie den netten Senior von nebenan? »Ich war immer ein Aufschneider und ein Verkaufsgenie«, kommt da, und: »Irgendwo bin ich Anarchist.« Passender wäre: Barskiist. Mischt überall mit, aber gehört nicht wirklich dazu: zur Hautevolee nicht, zum Bürgertum nicht. Spielt sein eigenes Spiel – und scheint immer noch selbst nicht fassen zu können, wie weit er damit gekommen ist. Wie war das damals, zu Schwille-Zeiten? Ging Barski über Leichen, wie einige Immobilienhaie aus »Der Frankfurter Spekulant?« Ernste Miene. »Ich beschreibe nur, was ich mitbekommen habe. Ich bin bloß ein Werbefachmann, der sein Geld angelegt hat.«

»In meiner **Glanzzeit** bin ich hier mit meinem Original-Mercedes 600er Pullmann vorgefahren. Der gleiche, den der **Schah von Persien** hatte«

KLAUS BARSKI, SCHRIFTSTELLER UND MILLIONÄR

Auf der Empore hat man einfach den besten Überblick

Das 1893 gegründete **CAFÉ AM LIEBFRAUENBERG** ist wohl Frankfurts ältestes Kaffeehaus. Mehr Liebesromanzen, Streitgespräche und Versöhnungen hat kaum ein anderes Lokal in dieser Stadt erlebt. Mit dem italienischen Original Luigi serviert dort auch der dienstälteste Kellner.

CAFÉ AM LIEBFRAUENBERG

Dass dieses Café auf eine lange Tradition zurückblickt, merkt man auch der Einrichtung und den Accessoires an

»Mittags und nach Feierabend sind für **Straßenmusiker** die besten Zeiten«

ERGENIY, BROMISLAV UND ALEXEY, MUSIKANTEN

Die Frankfurter Stadtmusikanten

Eisiger Wind bläst durch den Bahnhof von Krasnoyans, tief im Osten Russlands. Immerhin: Zum Abschied der drei jungen Männer erstrahlt der Himmel in klarem Blau. Auch die Sonne versucht ein Lächeln, als Bromislav, Ergeniy und Alexey die weltberühmte transsibirische Eisenbahn besteigen. Tränen in den Augen, die Herzen voller Wehmut. Wann sehen sie die geliebte Heimat wieder? Wann die Familien? Kehren sie gesund und mit vielen schönen Geschichten im Gepäck zurück? Rasch packen die Drei im Zugabteil ihre Instrumente aus. Der aus 12 verschiedenen Holzsorten gefertigte Balalaika-Kontrabass des kräftigen Bromislav raubt Platz für zwei. Die beiden Schlackse Ergeniy und Alexey dagegen heben ihre wertvollen Stücke locker auf den Schoß. Sie spielen Bajan, ein Akkordeon, das anstelle von Tasten Knöpfe hat. Mit traurigen Heimatliedern und fröhlichen Volksweisen vertreiben die jungen Männer ihr viel zu früh aufkommendes Heimweh. Schon wenige Takte später sind sie von Abenteuerlust und Neugier auf das fremde Deutschland gepackt.

Sechs Tage und viele Musikstücke später haben die Jungs per Zug und Bus über Moskau und Berlin die Mainmetropole erreicht. »Meine zweite Heimat«, sagt Bromislav, der schon im vorigen Jahr den Sommer in Frankfurt verbracht hat. Schnell konnte er diesmal Ergeniy und Alexey überzeugen, mit in Goethes Geburtsstadt zu reisen – die Stadt mit den vielen Bankentürmen, Altbauten und Fachwerkhäusern. Um als Straßenmusiker durch die Gassen der Stadt zu ziehen. Um für ein wenig Applaus zu musizieren. Und natürlich auch, um die eine oder andere Euromünze mit nach Hause zu bringen.

In der Heimat spielen die Drei hauptberuflich auf Festivals und angesehenen Konzerten rund um den sibirischen Baikalsee. Der 28-jährige Ergeniy und Bromislav, mit 32 der Älteste und Anführer der Stadtbesucher, weisen bereits einen bemerkenswerten musikalischen Lebenslauf vor: fünf Jahre Musikschule, vier Jahre Fachhochschule, nochmal fünf Jahre Besuch der Musik-Akademie von Krasnoyans – mit diesen Diplomen in der Tasche können sie in jedem russischen Orchester anheuern. Kenner wissen: Das Niveau der musikalischen Ausbildung in Russland ist weltweit führend. Der talentierte Alexey, mit 23 der Benjamin des Trios, studiert derzeit noch. Einziger Wermutstropfen: Gute Musiker gibt es in Russland wie Schachspieler und Wodkatrinker. Mitglieder eines staatlichen Orchesters verdienen gerade mal 120 Euro im Monat. Das Spielen auf den Straßen europäischer Großstädte ist deshalb für viele russische Musiker eine echte Alternative.

Der Wecker klingelt meist um neun. Bromislav, Ergeniy und Alexey schlafen bei einem russischen Freund im Westen der Stadt. Morgens gilt es kräftig zu frühstücken, damit die Musiker nicht irgendwann vom Heißhunger überrascht werden und in Fußgängerzonen ihr mühsam erspieltes Geld für teure Bratwürste ausgeben müssen. Bis in die Mittagsstunden versucht jeder allein in den umliegenden Ortschaften sein Glück. Bromislav hat sich einen alten Opel zugelegt. Gegen 13 Uhr sammelt er die beiden anderen wieder ein, dann starten sie in Frankfurts Stadtmitte gemeinsam durch. »Morgens hören die Menschen eben nicht so gerne Musik, sie verkraften höchstens einen allein von uns«, lacht Alexey. »Mittags und nach Feierabend sind für Straßenmusiker die besten Zeiten.« Oft zieht das kleine russische Orchester die gleichen Kreise. Gerne beginnen sie am Rathaus auf dem Römerberg. Bei Hochzeiten gehört dieser Ort zu den lukrativsten. Danach gehts zum Liebfrauenberg – einem der schönsten Plätze der Stadt, wie sie sagen. »Muljawin« nennen sie das alte Kaffeehaus dort, weil der redselige Kellner Luigi sie an einen gleichnamigen russischen Schauspieler erinnert. »Jugendtreff« heißt bei ihnen der Platz zwischen Café Karin und dem neuen Szenespot Walden in der Weißadlergasse. Von dort zieht das Trio weiter über die dicht bevölkerte Fressgass bis hin zum Opernplatz. Über die Zeil geht es zurück zum Liebfrauenberg und nach etwa 20 Minuten wieder ab zum Römer. Und so weiter. Mit seinem Balalaika-Kontrabas auf dem Rücken erinnert Bromislav ein wenig an den Comichelden Obelix, der seinen Hinkelstein auch immer überall mit hinschleppt. Meist hören sie um acht Uhr abends auf, bis dahin ist es gestattet zu musizieren. »Manchmal spielen wir abends noch außerhalb auf Volksfesten«, erzählt Alexey. So kommt für die Frankfurter Straßenmusiker schnell mal ein 14-Stunden-Tag zusammen. Muss sein – um vorzubauen. Denn an Regentagen lässt sich mit Gassenhauern nichts verdienen.

Das straßenmusikalische Niveau in Frankfurt ist deutlich gestiegen. Auch dank der Osterweiterung und der Möglichkeit für Musiker, zumindest eine Zeit lang legal in Deutschland zu arbeiten. Eine Hierachie unter ihnen gibt es nicht, wohl aber einige Verhaltensregeln – auch wenn nicht alle sie immer befolgen. Bromislav erklärt: „Nicht aggressiv um Geld bitten, genug Abstand zu den Gästen halten. Und vor allem sollte genug Zeit zwischen den Auftritten vergehen." Bemerken die Drei, dass an einem Ort gerade jemand anderes gespielt hat, rauchen sie eine Zigarette oder ziehen weiter. »Man darf die Leute, vor allem die Kellner, nicht zu sehr strapazieren.« Mit den Bedienungen müsse man sich gut stellen, das sei wichtig. »Ist der Betreiber eines Cafés gerade mal nicht anwesend, entscheiden die Kellner, ob wir bleiben dürfen«, weiß das Trio. Das kleine russische Orchester braucht Fingerspitzengefühl. Für die Gäste, das Servicepersonal, den rechten Ort, die richtige Zeit, das Wetter. Ein ständiger Balanceakt. Manche Menschen applaudieren, freuen sich über die schönen Weisen. Andere beschimpfen die Frankfurter Stadtmusikanten auch schon mal. Wieder anderen ist es einfach egal. Was bei all den Mühen finanziell herauskommt, verraten die Drei nicht – ihr gutes Recht. Geht mal nichts, aber auch rein gar nichts, spielen sie »Yesterday« von den Beatles. Das funktioniert immer. Und wenn es nur für eine heiße Tasse Kaffee ist.

CAFÉ AM LIEBFRAUENBERG

Innenstadt, Liebfrauenberg 24,
Telefon 28 73 80,
Montag bis Samstag 8 bis 22 Uhr,
Sonn- und Feiertag 9 bis 20 Uhr

Ein Café »für alle«, aber bloß nicht trendy

Im Szene-**CAFÉ LÄUFT** passt erst mal nichts zusammen: bodenständiges Holzmobiliar, eine rote Neonreklame, Kunst und Nippes an den Wänden, ein Hauch von Marokko überall. Auch die Musik wechselt mit jeder Schicht. Das freut Eltern- und Spielestammtische ebenso wie Musiker, Handwerker, Nordendler und Studenten. Das Konzept? Dass es kein Konzept gibt!

CAFÉ LÄUFT

Orient meets Okzident
meets Nordend:
Hier herrscht ein
kuscheliger Stil-Mix

Unter die Haut

Das erste Mal sieht er Manu bei Montanus. Es ist 1979, Andi ist 14 Jahre alt. Bei Montanus unter der Hauptwache gibt es Bücher und Schallplatten, auch die spezielleren. Und da steht sie: »der total schöne Punk mit ganz langen Haaren – blau!« Zu dumm nur, dass Manu um die 20 ist. Und sie hat »einen lässigen Typen« dabei. Für Andi keine Chance.

Das erste Mal nimmt sie Andi auf der Bertramswiese wahr. Es muss um 1985 sein, Manu ist Mitte 20. Auf der Betramswiese finden regelmäßig Szene-Fußballturniere statt. Da sticht ihr dieser 19-, 20-Jährige ins Auge. »Wir hatten Blickkontakt, der hat irgendwie gesessen!« Zu dumm nur, dass Andi nichts davon merkt. Und nichts passiert.

Jahre vergehen. Man sieht sich – mal hier, mal da. Ein erstes Knistern spüren die beiden im Café Läuft. Dort, in der Rohrbachstraße 26, arbeitet Manu seit '91. Eines Tages taucht Andi auf. »Einen großen Kaffee hast Du getrunken«, erinnert sich Manu, »da haben wir uns angestrahlt. Strahle, strahle!« »Aber«, gibt Andi zurück, »passiert ist noch nix.« »Trotzdem hab ich mich gefreut, dass Du sehr oft kamst.«

Mehr läuft vorerst nicht, das Schicksal funkt dazwischen. Läuft-Macher Rolle stirbt, das Café wird geschlossen, unser Paar verliert sich aus den Augen. Manu, die mal fünf Jahre lang in einem »U-Haft-Vermeidungsprojekt für Jugendliche« und für die GRÜNEN gearbeitet hat, macht andere Jobs: verkauft Brot auf Märkten, arbeitet als Türsteherin im Maxims, Hans Romanovs Kultclub im Bahnhofsviertel. Andi, der jahrelang Heroinerfahrung hat, »aber zum Glück sozial noch nicht abgestiegen« ist, betreibt eine eigene kleine Baufirma als Maler.

Eines Tages ergibt sich für die Schwester des verstorbenen Läuft-Machers und einen Kompagnon die Möglichkeit, das einst so beliebte Café wiederzueröffnen: ein paar Häuser weiter, in der Rohrbachstraße 54, im ehemaligen Halbwelt-Treff Action. Manu heuert im neuen Café Läuft als Bedienung an und legt sich eins ihrer »1000 Gesichter« zu: Als »Frankfurts erste tätowierte Frau« ist sie längst bekannt, jetzt stylt sie auch ihren Kopf extrem, mit hoch über den Ohren geschorenen Haaren.

»Ziemlich derb«, denkt sich Andi 1995, als er schräg gegenüber vom neuen Läuft eine Baustelle hat. Dass er diese Frau schon öfter gesehen hat, wird er erst später für sich »zusammenbasteln«. Mit seinen Kumpels kommt Andi oft ins Café. Und irgendwie scheint ihm Manu trotz allem zu gefallen. Denn im Juli '95 lädt er sie zu seinem 30. Geburtstag ein. »Von dieser Nacht an waren wir eigentlich zusammen.« Eigentlich! Denn jetzt beginnen die Irrungen und Wirrungen, die viele Paare in der Anfangsphase durchmachen – zusätzlich befeuert durch Alkohol und Partys. Manu und Andi, der seit einigen Monaten clean ist, lassen »es krachen«. Feiern ist angesagt. Andi hat etwas mit einer anderen Frau, nimmt nicht wahr, wie weh er Manu tut. »Völlig frustriert« fährt sie in die Karibik, für lange zwei Monate. Der Wendepunkt. Beide merken, was ihnen fehlt. »Aus Liebe« durchläuft Manu eine weitere Veränderung – lässt ihre Zähne machen, wählt eine neue Frisur. Im Januar '96 kommt sie braun gebrannt zurück. »Sie sah wunderschön aus«, schwärmt Andi, »so wie jetzt«.

»Dann haben wir uns erst richtig kennengelernt. Wir haben uns gegenseitig Kraft gegeben.« Und irgendwann wurde aufgehört zu feiern. »Um zu leben«, sagt Andi. »Um mal andere Sachen zu machen«, erklärt Manu weiter. »Raus fahren, Bücher lesen. Wir haben gesehen, dass auch das fantastisch sein kann.« Manu und Andi Gehmlich heiraten am 16. August 2000. Ihre Eheringe tragen sie nicht an den Fingern, sondern als Tattoos auf dem Arm. Der 1. März 2001 wird für sie ein weiterer Meilenstein: Andi hat seine Malerfirma aufgelöst, die bisherigen Café-Betreiber sind ausgestiegen. Nach einem Umbau feiern er und Manu die Wiedereröffnung des Läuft, das sie seitdem mit Manus 27-jährigem Sohn Sven betreiben. Manu arbeitet vormittags, Andi abends, montags haben sie zusammen frei. An den Wochenenden gehören die Abende ihnen, da schließen sie um sechs.

Das Läuft ist so, wie sie es wollen: »kuschelig, ein Stil-Mix, völlig konzeptlos.« Ein Café »für alle«, aber bloß nicht trendy, eher »für die alternative Rock'n'Roll-Generation«. »Unpolitisch« und doch »links angehaucht«, »auf szenige Weise konservativ«. Ein Nordend-Treff, in dem jede Bedienung die Musik laufen lässt, die ihr gefällt; in dem sich Handwerker, Musiker, Studenten und Leute aus der befreundeten Szene-/Fußballkneipe Backstage ebenso wohl fühlen wie Stammtische für Kartenspieler und Eltern; in dem das Leben aufwühlende Geschichten schreibt; und in dem an der Wand eine Urkunde hängt: Anmeldung Zweitwohnsitz Café Läuft. Treue Gäste eben.

Manu und Andi haben einiges hinter sich. Die wirtschaftliche Lage ist ernst. Ihre Geschichte und das Café haben sie zusammengeschweißt. Der Handwerker, Hobby-Koch und »harmoniebedürftige Kommunikator« und die »eher stille« Thekenveteranin, die auch »den Papierkram« schmeißt, ergänzen sich perfekt. Streit gibt es selten, »dann aber richtig«. Vor kurzem sind beide »auf's Land« gezogen, »für wenig Geld.« Das Fachwerkhäuschen, Eintracht Frankfurt und die sehr persönlichen Tattoos sind Fixpunkte in ihrem Leben. Und natürlich das Café. Das tapfer läuft und läuft...

CAFÉ LÄUFT

Nordend, Rohrbachstraße 54,
Telefon 90 43 05 18,
Montag bis Freitag 9.30 bis 24 Uhr,
Samstag/Sonntag 9.30 bis 18 Uhr,
wechselnde Tageskarte

»Irgendwann haben wir aufgehört zu feiern. Um zu leben.
Um mal andere Sachen zu machen«

MANU UND ANDI GEHMLICH, CAFÉ-BETREIBER

FRAZER COFFEE

Ein Kaffee zwischendurch darf schon mal sein. Aber bloß nicht den Blick für das Wesentliche verlieren!

Für die einen der Segen, anderen ist er ein Graus: der coffee to go, die importierte Idee aus den USA. Bei **FRAZER COFFEE,** gegenüber der geschäftigen Börse, sind es vor allem die Business-Leute mit wenig Zeit, die sich einen Kaffee im Pappbecher zum Mitnehmen bestellen und ihn dann im Gehen schlürfen. Gegen Mittag sind die Stühle und Barhocker des Coffeeshops von den unterschiedlichsten Menschen besetzt.

Noch vor wenigen Jahren hätte es niemand für möglich gehalten, dass sich Gäste den Kaffee im Pappbecher servieren lassen

»Ich hätte nicht gedacht,
dass es hier so
coole Leute gibt«

GRAEME GIBB,
DEUTSCHLANDREISENDER

Vom anderen Ende der Welt

Warum er Frankfurt besucht? »Weil es auf meinem Ticket steht«, antwortet Graeme Gibb aus Neuseeland trocken. »Nach Frankfurt am Main gab es nun mal den billigsten Flug von Auckland, um meinen Eurotrip zu starten.« Aus den vielen Geschäftsmenschen im Café-To-Go Frazer sticht der Rucksacktourist klar heraus. Der 30-Jährige unterbricht seine Sightseeingtour für einen Cappuccino im Pappbecher. In der Frühe hat Graeme bereits den Römer erlaufen. Anschließend ist er mit seinem alternativen Reiseführer »Lonely Planet« – der Bibel unter den Rucksackreisenden – über den geschichtsträchtigen Paulsplatz getigert. Schließlich die vielen Treppen des Kaiserdoms hinaufgestiegen, um einen der schönsten Blicke auf die Mainmetropole zu genießen. Jetzt, am frühen Mittag, soll die Frankfurter Börse mit der berühmten Bulle-und-Bär-Statue die nächste Station seines Streifzuges durch Frankfurt sein. Manch Einheimischer kriegt das Programm im ganzen Jahr nicht hin. »Ihr habt eine schöne Stadt«, schwärmt der junge Neuseeländer. »Am liebsten laufe ich durch die Straßen mit Altbauhäusern.« Graeme faltet seinen Plan auf und deutet auf die Wohnviertel Nordend und Bornheim. »Auch in den Parks liege ich gerne im Gras«, sagt er. Wie lange er bleiben wird, wohin er ziehen will? Er weiß es noch nicht. »Ich lasse mich treiben.« Auf dem Opernplatzfest hat er Freunde gefunden. Mit Apfelwein hat man ihn auch schon getauft. »Der erste Schluck war schlimm, jetzt trinke ich ihn ganz gerne.«

Mittlerweile übernachtet Graeme auch nicht mehr in der Jugendherberge. »Wenn man über 27 ist, zahlt man dort immerhin 20 Euro.« In wahrer Backpacker-Solidarität hat ihm eine Frau auf der Straße spontan angeboten, bei ihr zu übernachten. Wer im Ausland selbst schon einmal zum Übernachten eingeladen wurde, kennt das. Man verspricht sich: Begegne ich in der Heimat auch einmal jemandem, der eine Unterkunft sucht, kommt er mit zu mir. So jemanden muss Graeme getroffen haben. Gut für die zwischenmenschliche Kommunikation und das Reisebudget ist es allemal. »Ich hätte nicht gedacht, dass die Leute hier so cool sind.« Etwas verstört kam Graeme von einem Ausflug aus den nicht gerade touristentauglichen Städten Giessen und Offenbach zurück. »So muss es in Ostdeutschland früher ausgesehen haben.«

Frankreich interessiert ihn, Spanien auch, nach Berlin will er noch. »Meine Oma Margot Wimmer kommt von dort.« Nach dem Krieg hatte die gebürtige Berlinerin den Engländer Eddy Gibb kennengelernt und war mit ihm nach Auckland, Neuseeland, ausgewandert. Graeme hat Biologie studiert, noch vor kurzem bei einer Internetfirma als Netzwerkspezialist gearbeitet. »Doch irgendwie war das Arbeitsklima vergiftet.« Auch die Beziehung »war in die Brüche gegangen«. Ideale Voraussetzungen für eine längere Fernreise. Time to go. Der Start in einen neuen Lebensabschnitt.

Graeme will ein Jahr durch Europa reisen. Mit Rucksack, per Zug, per Bus. Nach Frankfurt, in die Stadt mit dem Apfelwein, den historischen Plätzen, den Grünflächen und den lieben Menschen, die ihn spontan bei sich übernachten lassen, will er »auf alle Fälle« zurückkehren. Muss er ja auch – es steht schließlich auf seinem Ticket.

FRAZER COFFEE

Innenstadt, Börsenplatz 1,
Telefon 29 72 49 40,
Montag bis Freitag 7 bis 18 Uhr,
Samstag 8 bis 18 Uhr
Weitere Filialen: Kirchnerstraße 6-8,
Leipziger Straße 1, Lyoner Straße 11

Der rollende Cafésalon ist der ideale Ort für ein Gespräch mit den Schauspielern von Comoedia Mundi – vor oder nach der Vorstellung

Ein Dorf in der Stadt: Ein großes Zelt, zwei Unimogs, vier Wohnwagen – die Welt des Theater- und Wanderzirkus Comoedia Mundi ist klein und beschaulich. Der angeschlossene Café-Waggon SENZA LICENZA war eines der ersten gastronomischen Objekte am Main. Und gehört nach wie vor zu den beliebtesten Orten für einen Kaffee mit Skyline-Blick.

CAFÉ SENZA LICENZA

Gemütlich, nostalgisch, schön: Der blaue Waggon ist jedes Jahr zu Gast am Frankfurter Fluss

»Die Verbindung aus kreativem **Schauspiel**, **Handwerk** und **Reisen** ist einfach faszinierend«

FAMILIE SCHWARZ, ZUGVÖGEL

Sommergäste

Jedes Jahr im Sommer brausen eines Morgens zwei Unimogs an den Main. Sie sind schwer beladen mit Zeltstangen, Planen, Seilen, Stoffen, Kisten, Brettern und vielem mehr. Auf der Sachsenhäuser Seite, Höhe Filmmuseum, verwandelt sich plötzlich der Platz neben einem kräftigen Eichenbaum in ein kleines Dorf. Die Frankfurter wissen: Das Wandertheater Comoedia Mundi gastiert wieder in der Stadt. Auch der Eisenbahnwaggon des dazugehörigen Café Senza Licenza findet seinen alten Platz, schnell stehen die Bierbänke davor. Die Wohnwagen der Wanderfamilie parken ebenfalls dort, wo sie immer stehen. Die Welt des Theaterzirkus ist Anlaufstelle für alternative Theaterfans oder Menschen, die einfach nur mal am Fluss pausieren und die herrliche Atomsphäre genießen wollen.

»Viel brauchen wir nicht«, sagt Fabian Schwarz stolz. Er ist Chef des kleinen Unternehmens und das letzte verbliebene Gründungsmitglied der Truppe. Ende der Achtzigerjahre wurde Comoedia Mundi ins Leben gerufen. Der 48-jährige Fabian hatte damals nach einem längeren Südamerikaaufenthalt über diese alternative Daseinsform nachgedacht und sich für ein Leben auf Wanderschaft entschieden. Immer im Sommer, meist von Juli bis Mitte August, schlägt das bunte Dorf am Main die Zelte auf. Mehr als 17 Mal ist die den Winter über im bayrischen Trautskirchen in einem alten Schloss beheimatete Nomadenfamilie schon nach Frankfurt gekommen, um den Besuchern vom kühlen Bier und Kaffee über Theaterstücke bis hin zum Chanson am Klavier vieles an gemischter Unterhaltung zu bieten. Das Café Senza Licenza im Eisenbahnwaggon neben dem Theaterzelt gehörte sogar zu den ersten gastronomischen Objekten am Main. Fabian Schwarz hat die rasante Entwicklung an den Frankfurter Flussufern all die Jahre bestens beobachten können: »Einfach toll, was sich hier mit den vielen Cafés und Kneipen getan hat«. Schwarz liebt den Blick aus seinem Wohnwagen auf die Bankentürme der Stadt: »Nach Frankfurt kommen wir immer wahnsinnig gerne.«

Von Frühjahr bis Herbst geht das kleine Wandertheater auch in anderen deutschen und europäischen Städten auf Tournee – von Nürnberg, Worms und Konstanz bis Wien und Salzburg stehen mehr als 27 Orte auf dem Tourplan. Im Winter wird im Schloss geprobt, repariert und ausgeruht. »Die Verbindung aus kreativem Schauspiel, handwerklichem Geschick bei Reparaturen und der Tatsache, alle paar Wochen woanders aufzuwachen, hat mich einfach fasziniert«, schildert Schwarz die Gründe für sein Nomadenleben.

Und die Familie zieht mit. Während der zweifache Vater sich um die Organisation des kleinen Theaters kümmert, gehen die Zwillingstöchterchen Sarah und Camille in die Klasse 4c der Sachsenhäuser Textorschule. Vor neun Jahren sind die beiden, als das Theater gerade in Aachen auf Tournee war, zur Welt gekommen. »In der Schule finden es alle furchtbar aufregend, Theaterkinder zu kennen«, lachen die beiden. »Manchmal darf ihre Frankfurter Freundin Luzie auch im Wohnwagen übernachten«, fügt Papa Schwarz hinzu. Für den Rest des Jahres besuchen die Theaterkinder die Schule in Neuhof, in der Nähe von Trautskirchen. An besonders heißen Tagen bläst Fabian Schwarz ein Planschbecken auf. »Dann baden meine Kinder mit Skyline-Blick.« Jedes Jahr wird auch mal die ganze Schulklasse zu Theaterstücken eingeladen.

Fabians Frau Loes Snijders bildet die kreative Achse von Comoedia Mundi. An der Seite des Schauspielers Moise Schmidt überzeugt sie im Stück »Die 270. Nacht«, frei nach »Ali Baba und die 40 Räuber« aus »1001 Nacht«. Es ist die Geschichte zweier unterschiedlicher Brüder und ihrer Familien. Als einer der Brüder einen Schatz findet, kommt es zu Intrigen. Die kluge Sklavin Mardschana findet schließlich einen Ausweg. Die Niederländerin Snijders kann aber auch singen. In »La femme en rouge« interpretiert sie an der Seite des Pianisten Jürgen Mayer Lieder von Edith Piaf, Bert Brecht und Tom Waits.

Samstagmittags sitzen die Kleinen auf den Holzbänken im Zelt. Dann gibt es nämlich Märchen wie »Der Teufel mit den drei goldenen Haaren« von den Gebrüdern Grimm. Oder Loes Snijders erzählt die Geschichte »Des Kaisers neue Kleider« von Hans Christian Andersen. Jede Samstagnacht, wenn die Kinder hoffentlich alle schon schlafen, macht sogar Chef Fabian Schwarz bei der Lesung »Der Literaturständer« mit. Witzige pornografische Nachtgedanken mit Texten unter anderen von Max Goldt, Patrik Süskind und Sybille Berg. In diesem und im nächsten Jahr. Denn Zugvögel kommen wieder. Versprochen.

CAFÉ SENZA LICENZA

Sachsenhausen, Schaumainkai,
Höhe Filmmuseum, jedes Jahr im Sommer zu Gast
www.comoedia-mundi.de

Viel Holz, Wiener Charme, kein lautes Gedöns, auch kultig will man nicht sein. Was zählt, ist Austausch, Nähe und ein exzellenter Kaffee. Das **CAFÉ KANTE** im Nordend ist ein Stadtteilcafé im besten Sinne.

Die Kante-Macher haben ihr Café selbst ausgebaut. Der Tresen (links) war mal ein Holzrollladen

CAFÉ KANTE

Morgens um sieben ist die
Welt noch in Ordnung?
Bei Kante auf jeden Fall!

»Wir wollen nicht reich werden – unser Reichtum ist die Freizeit«

NORBERT WOLF, HABU MENNICKE UND HAGEN KNAAK, CAFÈ-MACHER

Das ganze Leben ist ein Café

Habu Mennicke steht unter Strom. Der Grund: »Two eggs on a plate.« Die wurden eben bestellt, von einer Französin, Tänzerin beim SOAP-Ensemble im nahe gelegenen Mousonturm. Two eggs on a plate – was, zum Teufel, hat sie damit gemeint? Zwei Eier im Glas, ist sich Habu immer sicherer. Seine Partner, Hagen »Hacky« Knaak und Norbert Wolf, sind anderer Meinung. Vor allem Norbert beharrt auf seiner These: Sie meint zwei Eier auf einem Teller! In der Küche entbrennt ein Disput. Am Ende versucht Habu entnervt, diverse superweich gekochte Wabbeleier auf einem Teller zu drapieren. Nicht gut. Ein Ei landet auf dem Boden, noch eins auf Habus Hemd. Ein weiteres klatscht, von Zorn geschleudert, an die Wand. Zehn Minuten und einen Schreikrampf später kann Habu mit gequältem Lächeln das Gericht servieren. Norbert und Hacky – scheinbar unbeteiligt – lugen vom Tresen aus hinüber. »Two eggs on a plate, s'il vous plait.« Die Tänzerin schaut mehr als verdutzt. Dann greift sie beherzt zu.

Das ist nun schon ein paar Jahre her. Aber noch heute brechen Habu, 48, Hacky, 46, und Norbert, 52, in schallendes Gelächter aus, wenn sie die Story erzählen. Sie ist ein Klassiker. Sie hat alles, was das Café Kante ausmacht – wofür das Café Kante steht. Da sind die Leute aus dem Mousonturm-Umfeld, zu denen sich über die Jahre eine freundschaftliche Verbindung entwickelt hat. Da sind die kleinen skurrilen, überraschenden Momente, die den Stadtteiltreff am Merianplatz immer wieder liebenswert machen. Da sind die leidenschaftlichen Auseinandersetzungen, die Norbert, Hacky und Habu nur noch mehr zusammengeschweißt haben. Und da sind die Mühen, die die Drei auf sich genommen haben, um das Kante zu dem zu machen, was es heute ist: ein »Familiencafé« im übertragenen Sinne, ein »Wohnzimmer für den Stadtteil«. Schließlich hatten sie »noch nie etwas mit Gastronomie am Hut gehabt«, als sie vor zehn Jahren aufmachten. In das Abenteuer Kante sind sie zufällig geschliddert. Und doch hat alles genau so kommen müssen.

Habu war 15 Jahre lang Taxi gefahren, um Hobbys wie Reisen und Freies Theater zu finanzieren, »doch irgendwann war das langweilig geworden.« Hacky, der ebenfalls Theater spielte, hatte als Fernmeldeelektroniker gearbeitet, »aber durch Personalabbau war die Unzufriedenheit gestiegen«. Und auch Norbert, den für die Stadt tätigen »Buchhändler mit Erfahrung in der Sozialarbeit«, hatte der Frust getrieben: »Der öffentliche Dienst war unbeweglich, ich wollte da raus.« Eines Tages hörte Norbert: Das Café Wacker, das vorher hier war, soll schließen. Eine Bank war im Anmarsch. Ein Freund brachte Norbert mit Habu zusammen, der im Wacker Stammgast war. Den beiden war klar: »Bevor hier eine Bank reinkommt, machen wir lieber selbst ein Café.« Schnell waren die Hausbesitzer kontaktiert, Hacky kam dazu, ein Vorvertrag wurde gemacht. Die Drei kündigten ihre Jobs und »bauten ein halbes Jahr lang ihr Café auf«. Am 10. Mai 1995 waren sie plötzlich Gastronomen.

Und dann passierten all die Geschichten, auf die sie heute kopfschüttelnd, aber irgendwie glücklich zurückblicken. Wie macht man eigentlich ein Café? Selbstausbeutung und Pannen, Szenen am Abgrund. »Wir waren ja so blauäugig und unbedarft«. Aber die Gäste fanden das charmant, gaben dem Chaos-Trio eine Chance. Und es lernte. Stellte Personal ein, verfeinerte das Angebot, schuf sich Freiräume. Heute ist der Laden eine Institution: als »angstfreier Raum« für jedermann, »vom Nachbarn und Handwerker über Politfreaks und Künstler bis hin zum neurotischen Hochschulprofessor«. »Wir wollen nicht reich werden – unser Reichtum ist die Freizeit«, beschreiben die Drei ihre jetzige Arbeitsteilung, um die sie viele beneiden: Jeweils einer betreut das Café eine Woche lang, mit Geschäftsführerin und Bedienungen, die anderen beiden haben frei. Die Preise gehören zu den attraktivsten der Stadt, auch der von der Frankfurter Firma Stern speziell geröstete Kaffee ist eine Klasse für sich.

Man kennt sich im Kante, quatscht und diskutiert, am Tag oder abends bei den feinen Lesungen und Konzerten, die Norbert einmal im Monat organisiert. Ob stadtbekannte Macher oder unscheinbare Zeitgenossen, sie alle erfüllen das Kante mit ihren Geschichten, schönen wie traurigen: verliebte Senioren, schrullige Lebenskünstler, Leute, »die plötzlich ziemlich abgestürzt sind«. Andere sind bereits gestorben. Kurt zum Beispiel, der Stadtteilberber, der hier jeden Tag seinen Kaffee bekam und zeitweise von den Gästen finanziert wurde; der einmal stolz ein Paar Gore-Tex-Schuhe als »die Schuhe vom Al Gore aus Texas« präsentierte; der unaufgefordert Zeitungen wegsortierte, auch wenn es die der Gäste waren; der alles andere als einfach, aber den Kante-Machern ans Herz gewachsen war. Sein Konterfei steht immer noch auf dem Tresen – gezeichnet von einem reisenden Zimmermann.

Bleibt eine Frage zu klären: Warum war die Französin so verdutzt über zwei Eier auf einem Teller? »Deux oeufs sur le plat« hatte sie bestellen wollen und das Ganze wörtlich ins Englische übersetzt, damit Habu sie auch versteht. Aber »deux oeufs sur le plat« sind eben nicht »two eggs on a plate«, sondern schlicht und ergreifend zwei Spiegeleier.

CAFÉ KANTE

Nordend, Kantstraße 13,
Telefon 49 90 083,
Montag bis Freitag 7 bis 20 Uhr,
Samstag 7 bis 19 Uhr,
Sonntag und Feiertag 8.30 bis 19 Uhr

Two in one: In der **CAFÉBAR FIFTYFOUR** trinkt frühmorgens schon das Shopping-Volk den Cappuccino. Mittags schauen die Geschäftsleute aus den umliegenden Büros vorbei. Gegen Feierabend, wenn anderes Licht den Laden übernimmt, mutiert das »54« vom Frühstückscafé zur Lifestylebar.

CAFÉBAR FIFTYFOUR

Klare Linien und Akzente setzen: eine Cafébar mit dem Prädikat »Sehenswert«

Nicht nur die Hausnnummer erinnert an den exzentrischen New Yorker Club Studio 54, auch so mancher Gast zu später Stunde

»Mit dem Wechsel zu schummrigem Licht läuten wir den Feierabend in der Stadt ein.«

OANA ROSEN, ARCHITEKTIN

Lichtspiele

OANA ROSEN

Die gebürtige Rumänin ist eine Powerfrau. Kinder, den dazu passenden Mann und ihren Traumberuf unter einem Hut, hat die 37-jährige Architektin derzeit gut lachen. Dabei ging es für Oana zunächst branchenüblich wenig spektakulär los: Auf das Fachhochschulstudium in Darmstadt folgen die ersten Aufträge für Dachgeschossausbauten und das Gestalten von Büros oder Eingangshallen – Alltag im Leben einer jungen Architektin. 1999 heiratet sie den umtriebigen Frankfurter Gastronomen und Hotelier Micky Rosen – privat und beruflich ein Volltreffer. Im Frühjahr 2003 verwandeln die beiden zusammen mit ihrem Freund und Geschäftspartner Alex Urseanu eine in die Jahre gekommene Herberge an der Nordseite des Frankfurter Hauptbahnhofs in ein modernes Vier-Sterne-Design-Hotel: Zu den Highlights im Bristol gehören die Garten-Lounge und eine 24 Stunden geöffnete Bar. Ohne das Haus auch nur einen Tag zu schließen, gelingt dem Trio der Umbau. Oanas Stil prägt die neue Perle unter den Frankfurter Hotels: klare Linien, dunkle Farben, der vielfältige und teilweise markante Einsatz von Licht. Nur ein paar Meter entfernt gestaltet sie die kleine Schwester des großen Bristol: Das 50-Betten-Hotel The Pure ist ganz in Weiß, nüchtern, »clean« und mit viel Lichteinfall von draußen gehalten.
2004 eine weitere Punktlandung in Sachen moderne Designarchitektur: Mit der Cafébar Fiftyfour, betrieben von Micky Rosen, Alex Urseanu und Lior Ehrlich, entstaubt sie das ehemalige Lavazza-Café auf der hochfrequentierten Fressgass und schafft, was dort, im Herzen der Stadt, schon lange von Nöten war: einen bunten Treff für den ganzen Tag, der vom frühen Morgen bis zum späten Abend geöffnet hat. Oana Rosen hat Rumänien als Kind verlassen. Sie lebt mit ihren Töchtern Jil und Lynn und ihrem Mann in Frankfurt am Main.

Die Frau Architektin, der Mann Gastronom: Beide arbeiten an den selben Projekten. Eigentlich der perfekte Mix, um die Stadt ein wenig aufzupeppen. Wie oft aber wird gestritten?

Tatsächlich reden wir viel über die Arbeit, oft steigern wir uns in Ideen hinein. Argumentieren, beratschlagen, versuchen, den anderen von seiner Sichtweise zu überzeugen. Das kann manchmal schon früh morgens oder spät abends im Bett passieren. Wir streiten aber nicht viel, sind uns oft, wenn wir etwas Neues sehen, auf den ersten Blick einig. Der französische Designer Philippe Starck hat es uns beiden sehr angetan, die gleiche Geschmacksrichtung haben wir schon mal.

Café oder Bar – was ist das »54« denn nun?

Ursprünglich war es als reines Café gedacht. Bei genauerem Hinsehen haben wir jedoch bemerkt: Die Fressgass braucht auch mal eine gescheite Bar. Wir wollten den vielen Beschäftigten im Einzelhandel hier einen schönen Ort für den Drink zum Feierabend geben. Sie mit einem netten Ambiente überzeugen, ein bisschen länger zu bleiben. Unternehmerisch gesehen, ist es sicher sinnvoll, beides zu probieren. Bisher funktioniert es, die Menschen nehmen das »54« als Café und als Bar wahr.

Formen die vielen multifunktionalen Café-Restaurant-Bar-Konzepte nicht die Frankfurter Gastronomie etwas gleich – und schaden damit auch dem Flair der Stadt?

Die Gastronomie hat harte Zeiten hinter sich, viele können es sich einfach nicht leisten, später zu öffnen oder früher zu schließen. Sicher entsteht mehr Bewegung, wenn die Menschen von einem Café in ein Restaurant und später in eine Bar ziehen. Es ist aber auch schön, an einem gastronomischen Ort länger als für eine Mahlzeit zu bleiben, also zu versacken. In einer Gastronomiekombination, wie sie Café und Bar oder Bar und Restaurant oder Café und Restaurant darstellen, sehe ich kein Problem. Dadurch erhält der Ort, ob morgens, mittags oder abends, eine Verschnaufpause – eine Zeit, wo nicht viel los ist. Bei uns sind mittags meist die ruhigen Momente. Es gibt kaum einen Ort, der von morgens um sieben bis nachts um drei Uhr voller Menschen ist. Das gilt selbst für Betriebe, die vom Frühstück über den Mittagstisch bis zum Cocktail alles anbieten.

Wie gelingt architektonisch der Spagat zwischen Café und Bar?

Theke, Einrichtung und Bestuhlung können im modernen Design bei Cafés und Bars ruhig ähnlich sein. Tagsüber schauen die Gäste mehr nach außen, dort findet Bewegung statt. Abends richtet sich die Aufmerksamkeit nach innen, sie kreist um die Theke. Im »54« wechselt jeden Tag um 17 Uhr das Licht. Etwas Rosalila schafft eine schummrige Stimmung. Wir läuten damit den Feierabend ein. Viele Gäste sehen den optischen Wechsel als Startschuss und Rechtfertigung, endlich Alkohol zu ordern. Tatsächlich steigt kurz nach dem Lichtwechsel die Zahl der alkoholischen Bestellungen, während die der Kaffee-Bestellungen sinkt.

Auffallend viele Spiegel hängen im »54«. Warum?

Mit Spiegeln kann ich den Raum vergrößern, was bei 40 Quadratmetern auch nötig ist. Die schwierigste Aufgabe hier war es, in einem ehemaligen Stehcafé Sitzplätze zu schaffen. Die Spiegel sind dennoch relativ hoch gehängt, es ist schlecht für die Kommunikation, wenn jemand ständig in den Spiegel schaut.

Multifunktional ist auch die Mutter, Ehefrau und Architektin Oana Rosen. Was sind trotz der vielen Aufgaben die Zukunftspläne?

Als Team haben wir noch einiges in der Stadt geplant. Ich würde nach der ganzen funktionalen, eher zurückhaltenden Architektur gerne mal etwas Plüschiges, Rotes, Protziges gestalten – mal schen. Privat reichen mir erst mal ein Mann und zwei Kinder.

CAFÉBAR FIFTYFOUR

Innenstadt, Große Bockenheimer Straße 54,
Telefon 92 88 68 48,
Montag bis Mittwoch 8 bis 2 Uhr,
Donnerstag bis Samstag 8 bis 4 Uhr,
Sonntag 10 bis 1 Uhr
www.barfiftyfour.de

Leckere Sachertorten, eine klasse Frankfurter Küche und das gute alte Kännchen Kaffee gibt es seit vielen Jahren im CAFÉ CHRISTINE. Der traditionelle Stadtteiltreff ist Tummelplatz für fuchtige Literaturkritiker, engagierte Stadtteilabgeordnete, Liebespaare und einfach nette Menschen aus der Nachbarschaft.

Kaffeetraum unterm Gummibaum – und einen Brunnen gibt es auch

CAFÉ CHRISTINE

Hier verkehren noch Männer der alten Schule. Früher gab es sogar einen Klavierspieler

Spätes **Glück**

Diese Geschichte zählt zu den rührendsten aus Frankfurter Cafés. Es war im April 2001. Da begann im Leben von Helga Zihosw und Wolfgang Eiser endlich wieder ein wenig die Sonne zu scheinen. Beide hatten ihre geliebten Ehegatten nach langem Krebsleiden verloren. Die Gräber befinden sich auf dem Hauptfriedhof im Stadtteil Eckenheim – gerade mal drei Meter voneinander entfernt. Die Partner waren um die gleiche Zeit verstorben. Bei der liebevollen täglichen Pflege der Gräber kamen Helga und Wolfgang immer häufiger ins Gespräch. Von Tag zu Tag wurden sie einander vertrauter. Begannen, sich wieder an Unterhaltung zu gewöhnen, den anderen zu mögen.

Heute sitzen sie nahezu jeden Tag im Café Christine beim Mittagessen. »Unser Treffpunkt«, sagen die beiden rüstigen Rentner. »Seit mehr als drei Jahren«. Nach einem ausgedehnten Spaziergang kehren sie gelegentlich sogar für ein Stück Kuchen und eine Tasse Kaffee noch einmal zurück in das schöne alte Kaffeehaus. »Wir sind sehr froh darüber, dass wir uns noch kennen gelernt haben«, sagt Wolfgang. »Natürlich kamen wir damals rasch in Kontakt«, erinnert sich die 68-jährige Helga. Wolfgang Eiser hat schon stolze 75 Jahre erreicht. »Beinahe jeden Tag haben wir uns gesehen.« Weil beide auf einen ähnlichen Leidensweg mit der schwierigen Pflege des Partnes zurückblicken, gibt es Verständnis füreinander – auch ohne viele Worte. »Auf Anhieb kamen wir miteinander klar«, bestätigt Wolfgang. Als Mann der alten Schule fragte er Helga schließlich irgendwann, ob sie mit ihm nicht mal einen Kaffee trinken wolle. So hat es angefangen. Helga wollte. Bis heute. Anfangs sind die beiden noch in das Friedhofscafé gegangen. Dann nahm Wolfgang, der in Eschersheim aufgewachsen ist und heute noch dort lebt, Helga mit in dieses Café. »Ich kannte sogar noch die Gründerin Christine«, schwärmt er von früher. Helga, ebenfalls Frankfurterin, war »irgendwann in den Siebzigern schon einmal hier gewesen. Auch damals gab es schon den Brunnen«. Wolfgang erinnert sich außerdem an einen Klavierspieler, der manchmal in den Mittagsstunden spielte: »Der war aber furchtbar laut.« Noch sind die beiden nicht in eine gemeinsame Wohnung gezogen. »Da lassen wir uns Zeit«, sagen sie. »So ist es auch schön.« Die Stunden im Café Christine gehören zu der wertvollen Zeit, die sie täglich zusammen verbringen. Ebenso wie die gemeinsamen Besuche an den Gräbern ihrer früheren Partner.

CAFÉ CHRISTINE

Eschersheim, Eschersheimer Lanstraße 319,
Telefon 56 17 66,
Montag bis Freitag 7.30 bis 19 Uhr,
Samstag 8 bis 18 Uhr,
Sonn- und Feiertage 10 bis 18 Uhr

»Wir sind sehr **froh** darüber, dass wir uns noch kennen gelernt haben«

HELGA ZIHOSW, WOLFGANG EISER, LIEBESPAAR UND CAFÉ-GENIESSER

In Cafés wird viel gelesen. Die Odyssee-Macher haben gleich einen ganzen Tisch wie eine Zeitung gestaltet

Viel Holz mit Patina schafft immer eine schöne Atmosphäre. Über der Bar schwebt ein Saxophon, von den Wänden grüßen Jazzgrößen. Auf der Bühne gibt es meist Musik und Kleinkunst. Das ODYSSEE im Nordend ist Kulturcafé und am Wochenende ein begehrter Frühstückstreff.

Der Name des Cafés ist irreführend: Die gute Küche und ein anspruchsvolles Kulturprogramm zeigen klar, wohin die Reise geht

ODYSSEE

»Wenige unserer Zuhörer wissen etwas von **Tango Nuevo**. Und es ist immer schön, wenn man live auch etwas über die Musik erfährt«

MI LOCO TANGO, VIRTUOSER VIERER

Verrückt nach Tango

Buenos Aires, ein vollbesetzter Saal im Stadtzentrum. Auf der Bühne: zwei Männer und zwei Frauen. Die Männer, einer am Kontrabass, der andere am Bajan, tragen dunkle Hemden, Hosen und Westen. Die Frau am Piano ziert ein schwarzes Kleid. Vor allem die Violinistin setzt farblich Akzente – mit kurzem Blondschopf, in leuchtend rotem Kleid. Leidenschaftlich und konzentriert zugleich bearbeiten die Vier ihre Instrumente, zaubern anmutige wie abenteuerliche Klänge, Rhythmen, Harmonien und Melodien in den Raum. Mal prescht das Bajan, eine russische Akkordeon-Variante, übermütig voran, um von schrillen Geigentönen unterbrochen zu werden, mal wird der Kontrabass zum treibenden Perkussionsinstrument, gibt das Klavier energisch einen Richtungswechsel vor. Dazwischen: folkloristische und romantische Pasasagen. Andächtig und gespannt lauscht das Publikum der wunderbaren Musik. Es sind Werke von Astor Piazzolla, dem Schöpfer des Tango Nuevo.

Bis zu seinem Tod im Jahr 1992 hat der große Bandoneon-Virtuose und Komponist den traditionellen argentinischen Tango nicht nur weiterentwickelt, sondern zur Kunstform erhoben. Seine Stücke erzählen Geschichten, bedienen sich unterschiedlichster Stilmittel, aus Klassik, Jazz und Neuer Musik. Dazu gehören auch Zyklen - unter anderem eine ganz eigene Sicht auf das Thema »Die vier Jahreszeiten«. Die Vier auf der Bühne scheinen Piazzolla zu leben. Zum Finale holen sie noch einmal alles aus sich heraus. Dann verklingt der letzte Akkord. Verbeugung. Vorhang. Frenetischer Applaus.

Das Konzert in Buenos Aires hat noch nicht stattgefunden. Aber eines Tages wird es das, da sind wir ganz sicher. Es ist ein »großer«, vielleicht *der* große Wunsch von Mi Loco Tango, diesem virtuosen Frankfurter Quartett, das sich Piazzolla nähert wie kaum ein anders europäisches Ensemble. Dass sie den Tango Nuevo »mit der argentinischen Seele« spielen, wurde den Vieren schon öfters bescheinigt, von waschechten Agentiniern. »Mein verrückter Tango« heißt ihr Bandname übersetzt. Judith Herrmann (Piano), Irina Bunn (Violine), Gregor Praml (Kontrabass) und Vassily Dück (Bajan) haben ihn von »Mi Loco Bandoneon« abgeleitet, der Kapitelüberschrift in einer berühmten Piazzolla-Biographie.

Doch was bringt zwei Deutsche, einen Deutsch-Franzosen und einen Russland-Deutschen zum Tango Nuevo? Am Anfang stand der Kinofilm »Sur«, dessen Soundtrack von Piazzolla stammt. Judith und Irina, die sich flüchtig kannten, waren begeistert – damals, in den Neunzigerjahren. Und Judith spürte: Irgendwann will ich diese Musik spielen. Durch einen Zeitungsartikel wurde sie Jahre später auf Vassily aufmerksam, der mit »russischer Seele« und »der traurigen Musik im Blut« den weiten Weg von Sibirien nach Frankfurt hinter sich gebracht hatte. Irina kam dazu, als letzter schloss sich Gregor an. Mi Loco Tango funktioniert. Weil die musikalische Wellenlänge stimmt. Und weil ganz verschiedene Backgrounds einfließen. Alle Vier haben Musik studiert – Gregor Jazz, die anderen Klassik. Fast alle geben Musikunterricht und spielen neben Mi Loco Tango in anderen Formationen, vom Salonorchester bis zur Rockband. Am vielfältigsten aktiv ist sicher Gregor. Jahrelang tourte er mit dem Aktionstheater Antagon, daneben schrieb er zahlreiche Theatermusiken, unter anderem für seinen Vater, den bekannten Regisseur Willy Praml. Heute arbeitet er als freier Redakteur beim Hessischen Rundfunk und ist Teil des Singer/Songwriter-Projekts Elko.

Aus der Singer/Songwriter-, der »Storyteller«-Tradition speisen sich auch die Anekdoten und Hintergrundgeschichten, die Gregor bei Auftritten von Mi Loco Tango zwischen den Stücken erzählt. »Zum einen wissen nur wenige unserer Zuhörer etwas von Piazzolla«, erklärt er, »zum anderen ist es immer schön, wenn man live auch etwas über die Musik erfährt.« Den perfekten Rahmen für ein Mi Loco Tango-Konzert liefern Kulturtreffs und Cafés wie die Alte Mühle in Bad Vilbel, das Café im Frankfurter Liebieghaus oder das Odyssee im Nordend. Ihren ersten Auftritt dort hatten unsere Tangospezialisten 2004 auf der »Offenen Bühne«, bei der vom singenden Apotheker über die Frankfurter Dadaisten bis zur abgehobenen Buchvorstellung alles möglich ist.

Mit dem Odyssee haben sich Maico Miller und Michael Kubala, »ein Philosoph und ein Ex-Manager aus der Lebensmittelindustrie«, im September 2002 ihren Traum vom eigenen weltoffenen Kulturcafé erfüllt. Gerne würde Miller nicht nur Musik und Kabarett präsentieren, sondern mit weiteren Programmpunkten auch zur »Repolitisierung des etwas träge gewordenen Nordends« beitragen. »Die Potenziale im Stadtteil sind hervorragend...« Aber das ist wieder eine andere Geschichte.

ODYSSEE

Nordend, Weberstraße 77, Telefon 90 50 09 95, Montag bis Freitag 17 bis 1 Uhr, Samstag ab 10 Uhr Frühstück, Sonntag 10 bis 14 Uhr Brunch. Konzerte, Kabarett, alle 4-6 Wochen donnerstags Offene Bühne
www.odyssee-frankfurt.de

CAFÉ YPSILON

Sie können sich nicht für
ein Buch entscheiden?
Dann trinken Sie doch erst
mal einen Kaffee!

Zu den Wurzeln der europäischen Schrift: Das Ypsilon ist der 22. und letzte Buchstabe des ursprünglichen griechischen Alphabets

Die schöne Berger Straße im beliebten Frankfurter Nordend ist die Heimat vieler Bistros, Cafés und Bars. Besondere Akzente setzt das **CAFÉ YPSILON** mit dem dazugehörenden Buchladen. Es lockt nicht nur Gäste, die gern Kaffee trinken und die Vorbeilaufenden beobachten, sondern auch Menschen, die viel und intensiv lesen.

Wohin geht die **Reise?**

Klaus Liesegang erzählt den Menschen gerne von Jesus und Gott. Und das nicht nur an Sonntagen im Gottesdienst der evangelisch-methodistischen Christuskirche am Merianplatz. Dort ist er zusammen mit dem hauptsächlich verantwortlichen Pastor Hans-Ulrich Hoffmann für das Gemeindeleben zuständig. Auch nach dem Kirchgang, bei Kaffee und Kuchen, redet er am liebsten von der Bibel. Mit seiner weichen Stimme könnte er glatt als »Märchenonkel« auftreten. Sie verschafft ihm immer wieder eine begeisterte Fan-»Gemeinde«. Natürlich hat der Mann Gottes auch ein Ohr für andere – eine der wichtigsten Eigenschaften, die ein Pastor besitzen sollte.

In Berlin geboren, war Klaus Liesegang zunächst Biologielaborant am Freiburger Max-Planck-Institut. Er wollte Arzt werden. Aber die Lektüre des Dichters Bertolt Brecht, der trotz seines marxistischen Ansatzes immer wieder Sprüche aus der Bibel zitierte, machte ihn neugierig auf das Leben von Jesus Christus. Fasziniert begann er, die Bibel zu lesen, suchte sich mit den Methodisten eine nicht staatliche Gemeinde, engagierte sich in den unterschiedlichsten Bereichen und beschloss mit 24: »Ich will Prediger sein!« Zu stark waren in ihm die vielen Fragen nach dem Sinn des Lebens entbrannt: Wer hat uns geschaffen? Ist es wirklich möglich, den Nächsten zu lieben wie sich selbst? Wohin geht die Reise? Gibt es einen Gott? Den Himmel? Und warum ist dieser Jesus damals für die Sünden anderer gestorben? Klaus Liesegang wollte sich lieber um die Seelen der Menschen kümmern, anstatt ihnen medizinischen Rat für körperliche Leiden zu geben. Nach dem Theologiestudium arbeitete der heute 57-Jährige als Pastor in Eppingen bei Karlsruhe, in Marburg, Mühlheim am Main und Brombach im Taunus. Seit 2003 ist er Seelsorger der methodistischen Kirche in Frankfurt. Auf dem Mühlberg, Dielmannstraße 26, kümmert er sich um die Diakonissen (vergleichbar mit den katholischen Nonnen) im Ruhestand. Im selben Haus betreut er auch das Altenpflegeheim. Die methodistische Kirche ist seine geistliche Heimat: Anders als staatliche Kirchen erhebt sie keine Steuern. Die Gottesdienste sind locker gestaltet, es gibt viele Gruppen und Aktivitäten außerhalb des sonntäglichen Kirchgangs. 1881 gegründet, ist diese Kirche aus der Anglikanischen Kirche enstanden. Als man den Methodisten damals die Kanzel verbot, predigten sie auf offenem Feld und prägten damit ein charakteristisches Merkmal. Der Gegensatz zur anglikanischen Kirche verschärfte sich, als im Methodismus Männer als Prediger auftraten, die nicht ordiniert waren. Klaus Liesegang braucht nicht draußen auf dem Feld von Gott zu erzählen. Er steht auf der Kanzel der Frankfurter Mühlberggemeinde und jeden ersten Sonntag in der Christuskirche am Merianplatz, ein paar Schritte von der Berger Straße entfernt. Er hat vier erwachsene Kinder und lebt mit seiner Frau Ilse in Seligenstadt. Im Café Ypsilon, in der Nähe der kleinen, mit roten Backsteinen hübsch verzierten Christuskirche, nimmt sich der passionierte Akkordeonspieler gern die Zeit für ein Gespräch über Kirchenkaffee, Menschen, die sich einen Cafébesuch nicht leisten können, und Tränen in der Kaffeetasse.

Warum gibt es nach dem Kirchgang noch eine Tasse Kaffee?

Da im Gottesdienst mehr gesungen als geredet wird, wollen wir mit unserem Kaffee-und-Kuchen-Angebot die Menschen zum Bleiben bewegen. Tatsächlich bleiben fast alle Besucher auf einen kleinen Schwatz. Die Kinder, die in unserer Kirche während des Gottesdienstes in der so genannten Sonntagsschule ihren Kindergottesdienst besuchen, sind dann auch wieder dabei und toben herum. Manchmal kann der Kirchenkaffee bis zu zwei Stunden dauern. Für uns als Pastoren ist das natürlich eine gute Gelegenheit, neue Besucher oder Menschen ohne Familienanschluss anzusprechen – einfach in Ruhe nochmal ein gutes Gespräch zu führen. Der Sonntagsbraten läuft ja nicht weg.

Woher kommt die Idee?

So etwas wie Kirchenkaffee gibt es meines Wissens nach auch bei den Protestanten und Katholiken. Aber John Wesley, Gründer der methodistischen Kirche, hat schon früh besonderen Wert auf das gesellige Beisammensein nach Zusammenkünften oder an wichtigen Feiertagen gelegt. Der Erfahrungsaustausch im Leben mit Gott ist sehr wichtig. An Ostern frühstücken wir zusammen, beim Erntedankfest kommen alle zum Eintopfessen, an Weihnachten stehen Kaffee und Kuchen bereit. Dazwischen liegen Grill- und Sommerfeste, Ausflüge, Kaffeekränzchen und Geburtstage unserer Mitglieder. Eine Zeit lang haben wir sogar nach dem Gottesdienst gekocht. In der Kirche am Merianplatz gibt es seit 20 Jahren Kirchenkaffee. Ich erinnere mich aber auch, vor noch längerer Zeit in alten Kirchenbänken kleine Klapptische gesehen zu haben, für mitgebrachte Speisen und natürlich auch für Kaffee.

Mit leerem Magen glaubt, singt und betet es sich also nicht so leicht – wird die Gemeinde dadurch tatsächlich auch lebendiger und größer?

Natürlich lernen sich die Menschen untereinander so viel besser kennen und beginnen, auch außerhalb der Kirche Freundschaften zu pflegen. Stadtbekannt ist mittlerweile unser »Essen für Alle« jeden Donnerstag. Bis zu 20 Freiwillige helfen, die oft mehr als 140 Essen zu bereiten. Ein Essen kostet nicht zu schlagende 1,70 Euro – egal für wen. Natürlich geben Besserverdienende gerne mehr. Tatsächlich haben wir durch diese Essen viele neue Gottesdienstbesucher gewonnen.

Wann trinken Pastoren denn noch Kaffee?

Bei mir persönlich brummt jeden Morgen die Espresso-Maschine für einen Latte Macchiato. Auch nach Beerdigungen bleibe ich noch zu Kaffee und trockenem Kuchen. Diese Tradition gibt es in allen Kirchen schon lange. In unseren Räumen bieten wir aber noch eine tolle Sache in Sachen Kaffee an: Jeden Montag- und Dienstagmittag treffen sich in der so genannten Lisbeth-Oase zehn bis zwanzig Frauen. Die meisten von ihnen können und wollen sich den Besuch in einem Café nicht leisten. Dort packe ich oft mein Akkordeon aus und spiele nicht nur Kirchenlieder. Manchmal bewegen diese Nachmittage die Frauen so sehr, dass die eine oder andere Freudenträne nicht ausbleibt. Und ich bin dann wieder sehr froh darüber, Pastor geworden zu sein.

CAFÉ YPSILON

Nordend, Berger Straße 18,
Telefon 44 79 89,
Montag bis Donnerstag 8.30 bis 1 Uhr,
Freitag und Samstag 8.30 bis 2 Uhr,
Sonntag 10 bis 1 Uhr

»Früher gab es in
den Kirchenbänken Klapptische
für eine Tasse Kaffee«
KLAUS LIESEGANG, PASTOR

CAFÉ CRUMBLE

Crumble ist die englische Dessert-Ausgabe des deutschen Streuselkuchens: ohne Boden, mit viel Vanillesoße

Lernende Studenten, lesende Uni-Professoren und natürlich auch andere Gäste wissen das CRUMBLE als Oase der Ruhe zu schätzen. Nur im Sommergarten sorgen zwitschernde Vögel für ein bisschen Lärm.

In dem hochfrequentierten Bockenheimer Café läuft keine Musik. Die Betreiber wollen, trotz der vielen Menschen, einen eher stillen Ort schaffen.

Ein langer Raum, die ungewöhnliche Theke: Hier herrscht ein schicker Kontrast zwischen altem, verschrammeltem Holzmobiliar, dem schönen Fußboden und modernen Maschinen

Der ganz normale Wahnsinn

Zwei Frauen stehen auf einer Verkehrsinsel. In Boxertrikots. Sie scheinen gegeneinander zu kämpfen. Oder gegen sich selbst? Ein Schiedsrichter moderiert zwischen den Protagonistinnen, die mit ihrem »Über-Ich« einen ständigen Dialog führen. Das Theaterstück geht über sieben Runden. Am Ende gibt es zwei Lösungen, die einander gegenüberstehen: Eine Frau passt sich der Gesellschaft an und überlebt. Die zweite nicht – und endet im Wahnsinn.

»Frauen Mitte zwanzig stehen heute viel mehr Möglichkeiten zur Selbstverwirklichung offen als noch ihren Müttern«, sagt Hannah Simon, die das in Berlin uraufgeführte Theaterstück – es trägt den klangvollen Namen »Herzscheiße« – zusammen mit Freundin Birthe Boeckel geschrieben hat. Als das »Über-Ich« einer der Frauen spielt sie auch selbst darin mit. Es sei ein »Generationending«, das viele ihrer Freudinnen, gerade an der Uni, beschäftige. Soll ich Karriere machen? Oder das, was ich wirklich will? Moment mal: Was will ich eigentlich? Wie ein Künstler in den Tag hineinleben, ewig studieren und irgendwann einen reichen Mann heiraten? Soll ich nicht doch Mutter werden? Reicht das eigentlich heute noch, nur Mutter zu sein? Hannah sagt: »Die vielen Möglichkeiten können junge Frauen in eine echte Existenzkrise stürzen.«

Das 26-jährige »Frankfurter Mädchen« studiert Romanistik, Ethnologie und Germanistik an der Johann-Wolfgang-Goethe-Universität. Bald hat Hannah ihr Studium beendet. Kommt dann die Krise? »Bestseller und Theaterstücke schreiben«, weiß sie sicher, »das ist mein Ding für die Zukunft«. Um ihr Studium zu finanzieren, arbeitet sie im Crumble, nicht weit von der Uni entfernt, als Bedienung. »Die Distanz und gleichzeitige Nähe zu den Gästen hat mich in der Gastronomie schon immer fasziniert.« Man bekomme so viele Geschichten erzählt, könne unendlich viel beobachten. Weil keine Musik läuft, sind die Ohren und Augen geschärft für andere Geräusche und optische Reize – wie Gespräche unter den Gästen oder interessant aussehende Personen. »Die Menschen im Café sind Futter für meine Fantasie.« Für Hannah als Drehbuchautorin und Schauspielerin ist das Crumble eine ideale Spielwiese.

In der Inszenierung von Arthur Millers »Hexenjagd« mit der Neu-Isenburger Theatergruppe »quattro stagioni«, bei der Laienschauspieler zwischen 15 und 65 Jahren mitwirken, spielt sie gerade in der Kluft des 17. Jahrhunderts die Hauptrolle der Abigail. Unter der Leitung des bekannten Regisseurs Ference Kreti kann Hannah ihre Erfahrungen als Drehbuchautorin, Studentin am Scheideweg und Servicekraft einbringen. Wegen eines mitternächtlichen Beschwörungstanzes, den sie aufgeführt hat, um ihr Liebesglück zu finden, soll Abigail im Kerker oder auf dem Scheiterhaufen landen. Hannah lacht: »Damals hatten Frauen eben noch nicht so viele Möglichkeiten zur Selbstverwirklichung«.

CAFÉ CRUMBLE

Bockenheim, Kiesstraße 41,
Telefon 71 58 87 38,
Montag bis Sonntag 8 bis 20 Uhr

»Die Menschen im Café sind **Futter** für meine **Fantasie**«

HANNAH SIMON,
SERVICEKRAFT UND STUDENTIN

CARDAK

Nichtraucher muss man hier suchen. Viel Tee, Bier und der Anisschnaps Raki stehen auf den Tischen. Einige Männer spielen Karten und das Zahlenspiel »Okey«, der Rest unterhält sich engagiert. Das **CAFÉ CARDAK** im Bahnhofsviertel ist für viele türkische Männer eine eigene schöne Welt – ohne Frauen.

Das Cardak zeigt eine ganz andere Seite der Bankenmetropole Frankfurt

Addiermaschine?
Rechenschieber?
Die Lottozahlen?
Nein, ein unterhaltsames
türkisches Zahlenspiel

»Die Zeit in einem Männercafé ist Entspannung pur«

CELAL GÜNES, KIOSK-BETREIBER

Der Zeitungsmann

Celals Welt liegt im Bahnhofsviertel. Gemüsehändler aus Marokko gibt es hier. Männer aus Indien bieten orientalische Gewürze und Billigtelefonate ins Ausland an. Die Kroaten organisieren die Bäckereien. Im Afroshop kann man falsches Haar kaufen. Die zentralen Straßenbahnlinien 11 und 12 zuckeln die Münchener Straße entlang zum Hauptbahnhof – hier ist eigentlich immer etwas los. Mittendrin: der kleine Zeitungskiosk von Celal Günes, der einfach so sympathisch sagt: »Hier bin ich glücklich.«

Ein türkischer Mann aus dem Bilderbuch. Schnauzbart, ein listiger Blick, meist über die Brille, etwas graues Haar, gemütliche Stimme und ein tief aus dem Bauch kommendes, sehr ansteckendes Lachen. Der 49-Jährige verkauft in seiner 15 Quadtratmeter großen Welt die türkischen Tageszeitungen HÜRRIYET, MILLIYET und TÜRKIYE. Die sind aktuell, weil täglich im nahen Neu-Isenburg gedruckt. Natürlich fehlen BILD und FRANKFURTER RUNDSCHAU nicht, auch eine große Auswahl an wichtigen deutschen Zeitschriften ist vorhanden. Dazu gibt es Tabakwaren, Lottoscheine, kalte Getränke – zwei Wasserpfeifen dagegen warten im Regal schon etwas länger auf Käufer. Celal bietet Kennern guter türkischer Musik auch aktuelle Kassetten. Aber irgendwie scheint das in seiner kleinen Welt alles Nebensache zu sein. Wer sich mal ein paar Momente Zeit und neben ihm Platz nimmt, merkt schnell, warum die vielen unterschiedlichen Menschen seinen Laden betreten. Celals Kiosk ist Umschlagplatz Nummer eins für Informationen aus diesem Viertel. Fast jeder, der kommt, hat eine Story, mehr oder weniger wichtig. Der englische Sänger von der Oper am nahegelegenen Willy-Brandt-Platz. Die schöne Wettermoderatorin des Hessichen Rundfunks von nebenan. Die Architektin obendrüber, der bekannte türkische Musiker Ozan Arif, die Mitarbeiter des chinesischen Restaurants, der alte serbische Hausmeister – sie alle bringen Celal den neuesten Klatsch und Tratsch. »Ob ich will oder nicht«, lacht er. »Wer kann da schon weghören?« Erst gestern hat er wieder so ein verrücktes Ding gehört. Ein Türke hat hier mehr als 20 Jahre ohne Pass gelebt. »Der ist ganz normal zur Arbeit gegangen, hat Steuern bezahlt«, sagt Celal. »Erst nach seinem Tod hat man das festgestellt.« Manchmal sind natürlich auch wertvolle Tipps dabei. Welches Geschäft oder Restaurant einen Mitarbeiter sucht oder wo vielleicht eine günstige Wohnung zu haben ist. Der Kiosk mutiert mitunter zu einem kleinen Arbeits- oder Wohnungsamt.

Mit 13 kommt der junge Celal aus Aydin, in der Nähe der bekannten Hafenstadt Izmir, nach Frankfurt am Main. Es ist 1969. Er besucht die Karmeliterschule im Bahnhofsviertel, wohnt in einem Wohnhaus nördlich des Bahnhofs. »Da ist heute nur noch ein Parkplatz«, sagt Celal. Fünf Jahre nach seiner Ankunft heiratet er Tuncay, mit ihr ist er seit 30 Jahren zusammen. Seinen Sohn Aydin nennt er nach seiner Geburtsstadt. Er sagt: »Das Heimweh nach der Türkei wird nie weggehen.« Leider lässt ihm die Selbstständigkeit wenig Möglichkeiten zu reisen. Zurück in die Türkei? »Doch was wollen wir dort?«, fragte seine Frau ihn vor vielen Jahren. Celal versprach, in Frankfurt zu bleiben. Sie, dass er nie in einer Fabrik arbeiten müsse. Celal gründete einen Buchladen für türkische Literatur, den er viele Jahre nicht weit von seinem Kiosk betrieb. Der Zeitungsmann liebt die Selbstständigkeit. Auch wenn er seinen Laden um 6.45 Uhr auf- und um kurz nach 20 Uhr wieder zuschließt. Nach einem anstrengenden Arbeitstag schlendert er gerne durch die Straßen des Viertels, schaut für einen Plausch in anderen Geschäften vorbei. Oder geht in sein Lieblingscafé Cardak, gerade mal zwei Häuserecken von seinem Geschäft entfernt. Dort gibt es immer eine großes »Hallo«, taucht Celal auf. »Setz Dich, mein Freund!« »Was trinkst Du?«, »Spielst Du mit?« Das türkische Männercafé Cardak ist eine eigene Welt mitten in der deutschen Bankenmetropole Frankfurt. Dicke Rauschschwaden ziehen durch den Raum, überall Gemurmel, auf den Tischen steht türkischer Kaffee und Tee, hier und da das türkische Bier »Efes«, manchmal klirren Gläser voll mit Raki, einem Anisschnaps, zusammen. Die Alten trinken einen Saft, mit Nüssen aufgefüllt. »Türkisches Viagra«, lacht Celal und klopft drei Jungs auf die Schulter, die das türkische Zahlenspiel »Okey« auf dem Tisch ausgebreitet haben. Die meisten anderen Männer schauen gebannt auf den Fernsehbildschirm, der in einer Ecke hängt.

Istanbul spielt gegen Erciyes. Samstagabend ist Fußballzeit, wie in Deutschland auch. Das Männercafé ist gut gefüllt. »Frauen sind zwar nicht verboten«, sagt Celal. Es sei aber nun mal eine lange türkische Tradition, dass die Männer in einem Café unter sich bleiben. »Die Zeit in einem Männercafé ist Entspannung pur«, sagt Celal Günes. Heute trifft er seine Freunde Özcan und Sami zu einer Partie »Okey«. Drei, vier Runden später bricht der Zeitungsmann auf. Wenn in der Frühe die ersten Straßenbahnen durch die Münchener Straße ziehen, brennt in seiner kleinen Welt schon längst das Licht.

CARDAK
Bahnhofsviertel,
Weserstraße 2,
täglich von 8.30 bis 3 Uhr

Sesam, öffne Dich!
Da haben sich die FH-Studenten ja wieder etwas Tolles einfallen lassen

Ein roter Würfel, der sich ganz leicht auf- und zuschieben lässt, dazu Kaffee, Kuchen, Drinks und Snacks. Das freut Szenevolk und knutschende Pärchen ebenso wie Mütter und ihre Kinder. Mit dem **CAFÉ IM HOLZHAUSENPARK** hat das westliche Nordend seit April 2004 eine weitere Attraktion.

Das Café fügt sich kompakt und effektiv in das Gesamtbild des Parks ein

Große Gastronomie auf kleinem Raum: Hier gibt es alles, was man zum Kaffeeklatsch braucht

CAFÉ IM HOLZHAUSENPARK

»Mein Interesse an
Underground-Kultur
ist wahrscheinlich
genetisch bedingt...«

PETRA KLAUS,
FREIE KULTURMACHERIN

Es geht auch anders

Man muss nicht immer klotzen. Groß investieren und laut schreien, damit auch ja alle kommen. Es geht auch anders: kleiner, feiner, individueller. Das gilt nicht nur für die Gastronomie, sondern auch für kulturelles Engagement.

Holzhausenpark, ein Tag im Sommer 2005. Petra Klaus liegt auf der Wiese und studiert die Zeitung. Während sie im Feuilleton blättert, nimmt sie genüsslich einen Schluck von ihrem Cappuccino, legt sich den nächsten Happen Erdbeertorte zurecht. Kaffee und Kuchen hat sie nicht etwa von zu Hause mitgebracht, sondern wenige Schritte entfernt geholt: an einem roten Würfel, dessen Inneres sich als Wundertüte entpuppt. Der Würfel und die voll besetzten Tische davor ergänzen sich zum Café. Das Café wiederum macht das Areal am Holzhausenschlösschen komplett. Es ist ein feines kleines Projekt, das Sebastian Walther und seine Mutter Ingrid da seit April 2004 realisieren. Aus der Überzeugung, dass ein Treff hier gut tun würde, war das Familienduo in den Dialog mit der Stadt getreten und hatte eine Ausschreibung im Studiengang Architektur der Frankfurter Fachhochschule gestartet. Der ausgewählte Entwurf fügt sich kompakt und effektiv in das Gesamtbild des Parks ein. Und: Den Café-Würfel, der sich clever auf- und zuschieben lässt, baute das Sieger-Team gleich selber auf.

Am Spielplatz schauen Mütter ihren Kleinen zu, gleich daneben hecheln Jungs einem Fußball hinterher, verschwitzt, mit roten Köpfen. Der Holzhausenpark ist Petras »Hauspark«. Sie arbeitet in der Nähe, wohnt ein paar Straßen weiter. An dem neuen Café schätzt sie das ungewöhnliche Design, das Angebot, aber auch die entspannte Haltung der Crew, die den Gästen vertrauensvoll Gläser und Teller mitgibt: »Jetzt kann man irgendwo auf der Wiese liegen, ganz gepflegt mit Kaffee und Kuchen. Wirklich luxuriös.« Dass Petra das alles zu würdigen weiß, kommt nicht von ungefähr: Mit unkonventionellen Projekten hat sie Erfahrung, seit Jahren prägt sie Frankfurts Kulturszene mit. Die gebürtige Fuldaerin studierte in Gießen Politik und Literatur, 1974 kam sie an den Main und arbeitete in der Gründungsgruppe der linken Tageszeitung TAZ mit. Auch nachdem sich die Hauptredaktion in Berlin niedergelassen hatte, schrieb sie eine Zeit lang für das Blatt. Mit dem Künstler Walter Baumann machte sie 1981 die Ausstellung »Phönix« zur Wiedereröffnung der Alten Oper, später wirkte sie am grenzüberschreitenden Programm des Kunstvereins 707 mit. Dann fand sie *ihr* Projekt. »Infiziert durch Freunde in Lyon«, griff sie 1985 die Idee eines freien Radios auf. Ihr Engagement führte zu einem Piratenradioprojekt auf der documenta 1986, zu einem Messeradio während der Buchmesse 1987 und ein Jahr später zu einem Kunstradioprojekt mit dem Städel. »Es war langwierig, die gesetzlichen Voraussetzungen für ein dauerhaftes freies Radio zu schaffen«, blickt sie zurück. »Erst 1997 wurde die Lizenz erteilt.« Ergebnis: der werbefreie Stadtsender Radio X (UKW 101.4, Kabel 99.85), für den Mitgründerin Petra Klaus bis 2004 als Geschäftsführerin arbeitete.

Eine Langzeit-Aufgabe, aber nicht die einzige in sieben Jahren! Inspiriert durch einen neuen Musikstil aus dem Londoner Underground, der Dance-Musik mit traditionellen indischen Elementen verband, rief Petra 1997 mit Stefan Müller alias DJ Eastender die Club- und Radioreihe »Indian Vibes« ins Leben. Das wegweisende Projekt, das sie nach Müllers Weggang seit 2000 mit Binu Kurian Joseph, einem Inder der zweiten Einwanderergeneration, weiterführt, hat sich längst zur Marke entwickelt: Es läuft auch bei anderen Stationen und kooperiert für Kulturfestivals mit Institutionen wie dem Orfeo-Kino, dem Deutschen Filmmuseum oder der Galerie station. Zur Buchmesse 2006 organisiert das »Indian Vibes«-Team ein einschlägiges Kunst- und Musikfestival, denn Gastland ist Indien. Ein Ziel, das ihr »neuen Schub« gibt. Ihr aktueller Job als Öffentlichkeitsarbeiterin für das Frankfurter Plattenlabel INFRACom! »macht zwar großen Spaß, aber er lastet mich nicht aus.«

Fragt man Petra Klaus nach dem Grund für ihr Interesse an unabhängiger und Underground-Kultur, dann antwortet sie trocken: »Das habe ich schon zur Schulzeit gehabt. Das ist wahrscheinlich genetisch bedingt...« Und will man wissen, woher sie die Motivation nach all den Jahren nimmt, nennt sie das beständige »Bedürfnis, mit Öffentlichkeit zu arbeiten. Man erreicht zwar nicht die breite Masse, aber der Ausschnitt an Öffentlichkeit, den man erreicht, ist einem sehr wichtig und genug.«

Petra nimmt einen letzten Schluck Cappuccino. Kaffee trinkt sie nur, wenn sie Zeit hat – in Ruhe sitzen kann. Kuchen dazu muss sein. Die Kaffee-und Kuchen-Tradition kommt aus Sachsen, hat sie kürzlich gelesen. »Vielleicht weil ich halbe Sächsin bin, gehört das bei mir irgendwie dazu. Da muss ich dann eben doch die Tradition hochhalten.«

CAFÉ IM HOLZHAUSENPARK

Nordend, Holzhausenpark,
ab März bis Ende Oktober/Anfang November,
Montag bis Freitag 11 bis 22,
Samstag, Sonntag und Feiertag 10 bis 22 Uhr

Ein Hauch von Wien weht mit dem **MOZART CAFÉ** durch die Frankfurter Innenstadt. Kaffeehausatmosphäre, rote Plüschsessel, süße Kalorienbomben, das Durchschnittsalter der Gäste dürfte die fünfzig überschreiten. Menschen mit ein bisschen mehr Zeit am Tag eben. Aber auch Business-, Jung- und Zeil-Shopping-Volk schaut gern im Traditionshaus vorbei.

Es müssen nicht immer Zauberflöten und Nachtmusik sein - auch das Klappern von Geschirr klingt den Gästen wie Musik in den Ohren

Auf der Klaviatur der Süßspeisen vermag das Mozart-Team ebenfalls perfekt zu spielen

MOZART CAFÉ

»Ein für alle Mal: **Dribbdebach** ist hier!«

FRANK DEMANT, KRIMIAUTOR UND TAXIFAHRER

Tatort Taxi

Fußball kicken, Taxi fahren, Krimis schreiben – Frank Demant ist ein Frankfurter Orignal, das wie sein Romanheld Simon Schweitzer nur allzu gern den Laisser-faire-Stil pflegt. Auf der einen Stadtseite des Mains lebt er und fühlt sich zu Hause, auf die andere Seite fährt er meist beruflich. Oder weil er in seinem Lieblingscafé, dem Mozart Café, ein Stück seiner kräftigen Leib- und Magentorte essen und gleichzeitig die Menschen auf der Straße oder im Kaffeehaus beobachten will.

Die beiden Stadthälften jenseits des Mains, genauer: die einander gegenüberliegenden Viertel im Zentrum, haben Spitznamen, sie heißen »Hibbdebach« und »Dribbdebach«. Aber welche Hälfte ist welche? Selbst eingefleischte Frankfurter zögern kurz bei dieser Frage, Zugezogene sowieso. Für seinen Krimi »Geiseldrama in Dribbdebach« hat der 46-jährige Autor Demant zur Sicherheit bei Freunden, Metzgern, Bäckern, Gastronomen und Anwohnern eine Umfrage gestartet. Dabei wurde eindeutig und ein für alle Mal geklärt: »Dribbdebach ist hier«. Auf der anderen Mainseite, das ist Hibbdebach. Aha! Nun muss man wissen, dass Demant ein Vollblut-Sachsenhäuser ist. Alles klar? Dann kann jetzt die Geschichte des Krimiautors aus Dribbdebach beginnen:

Frank Demant fährt Taxi. Seit 20 Jahren. Genauso lange kickt er beim Sachsenhäuser Fußballverein Taras »Taxi Rasensport« Frankfurt. Ein Verein, gegründet von Taxifahrern, seit Jahren in der untersten Liga etabliert – Absteigen ist also kein Thema. Nach meist nicht ganz so schweißtreibendem Training liebt es Demant, mit den Kumpels in einem Bretterverschlag nahe dem Rasenplatz bei Äppler und Bier zu sitzen und bis in die Nacht zu philosophieren. Hätte sein Vater nicht bei der Commerzbank als gewissenhafter Banker gearbeitet, wären wohl noch 20 solcher Jahre hinzugekommen.

Doch Werner Demant zeigte 1996 seinen Arbeitgeber wegen des Verdachts auf Beihilfe zur Steuerhinterziehung an und löste damit einen der größten Bankenskandale der Bundesrepublik aus. Vater Demant hatte mitbekommen, dass Gelder von Kunden auf dubiose Weise auf Nummernkonten in Luxemburg transferiert wurden. Akribisch hatte er damals ein Jahr lang die Vorgänge, die über seinen Schreibtisch liefen, kopiert und sie der Staatsanwaltschaft Frankfurt als Beweise überreicht. »Der Maulwurf« titelte der SPIEGEL, 220 Millionen Mark mussten die Commerzbanker zur Einstellung der Verfahren zahlen. Demant wurde entlassen, gewann sämtliche Prozesse und fürchtete eine Zeit lang um sein Leben.

Was das alles mit dem Werdegang von Sohn Frank, dem kickenden Taxifahrer, der gerne in Hibbdebach seinen Kuchen im Café Mozart isst, zu tun hat? Er hat es aufgeschrieben. »Tagesgeschäfte« heißt der Frankfurter Wirtschaftskrimi nach der wahren Begebenheit. Die bewegende Geschichte des mutigen Vaters hat ihn zum Schreiben inspiriert. So sehr, dass er nach Erscheinen seines Erstlings einfach weitermacht. Er hat sogar wegen schlechter Erfahrungen mit Verlegern seinen eigenen, den Röschen-Verlag, gegründet. »Immer horche, immer gucke« heißt das erste Buch der Kriminalromanserie um den Sachsenhäuser Privatier Simon Schweitzer. Ein Nachtschwärmer, Kneipensitzer und neugieriger Mensch, der den Mittagsschlaf liebt und durch seine Kontakte immer über die richtigen Informationen verfügt. Demant hat bereits drei Schweitzer-Romane geschrieben (www.simon-schweitzer.de), die Storys schreibt er während der Wartezeiten im Taxi.

Vom Wagen aus verkauft er auch seine Bücher, natürlich sind die Krimis ebenso in den hiesigen Buchhandlungen zu kriegen. Im zweiten Schweitzer-Roman, besagtem »Geiseldrama in Dribbdebach«, ist Simon Schweitzer einer Schutzgeldmafia, die Sachsenhäuser Wirte erpresst, auf der Spur. Aus dem dritten Krimi der Serie, »Mord im Äppelwoi-Express«, liest Frank Demant auch schon mal in der Frankfurter Kultbahn beim Stöffche. Ansonsten hat man gute Chancen, den schreibenden Taxifahrer in seinem fahrbaren Arbeitsplatz zu erwischen. Im Bretterverschlag in der Nähe des Fußballplatzes, nach hartem Training. Oder im Mozart Café: in Hibbdebach.

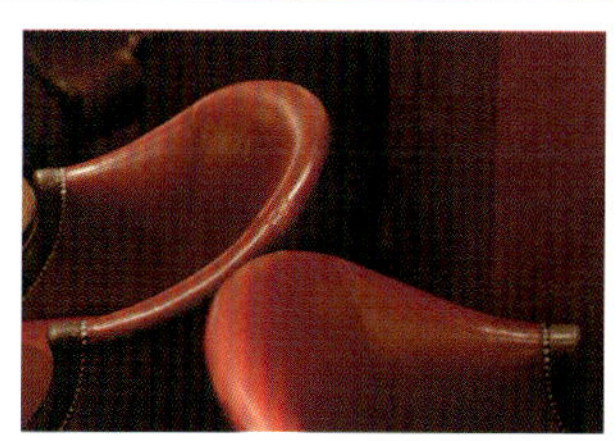

MOZART CAFÉ

Innenstadt, Töngesgasse 23,
Telefon 29 19 54,
Montag bis Samstag 8 bis 22 Uhr,
Sonntag 8 bis 21 Uhr

Eine Reihe mit kleinen Tischen, ein großer Spiegel und, im Zentrum des Geschehens, die Theke. Das FELLINI hat nicht nur einen italienischen Namen, es bringt auch italienisches Kaffeebar-Flair an den Schweizer Platz. Nett: Der Kakao kommt als heiße Milch plus Schokoblock zum Auflösen.

FELLINI

Nur Zeitung und Milchtüte verraten, dass wir in Deutschland sind

Typisch Fellini:
Da zählen auch die
kleinen Details

FRANCESCA BONOMI

Francesca Bonomi, 36, stammt aus einer Mailänder Kaffeeröster-Familie. »Bonomi« kennt man vor allem in Norditalien, beliefert wird auch das berühmte Café Florian in Venedig. Francesca kam mit 19 als Au-Pair nach Frankfurt – und blieb. Drei Jahre lang studierte sie Philosophie an der Goethe-Uni, daneben jobbte sie in einem Einrichtungsladen. Das Praktische, Kreative lag ihr. Sie machte eine Lehre als Raumausstatterin, später die Meisterprüfung. Den Mann, bei dem sie sich danach bewarb, hat sie geheiratet. Sie arbeitet mit ihm als Raumausstatterin, »wieder in einem Familienbetrieb«. An Frankfurt schätzt sie die Offenheit, die Lebensqualität, das viele Grün und dass der Alltag leichter zu organisieren ist, auch in Sachen Bürokratie. Ein wenig vermisst sie den italienischen »Sinn für das schöne Leben«, doch an Rückkehr denkt sie nur selten. Francesca Bonomi lebt mit ihrem Mann Christian und ihrem fünfjährigen Sohn Luca in Sachsenhausen.

Italienische Momente

Wenn ich in der Innenstadt am Wacker's Café vorbeigehe, kommen Kindheitserinnerungen hoch. Ich bin mit Kaffeeduft groß geworden. Die Rösterei, die mein Uropa aufgebaut hat, war direkt in unserem Haus, mitten in Mailand. Später wurde sie wegen städtischer Auflagen in einen Vorort verlegt. Leider ist mein Vater 1985 sehr früh gestorben. Weil wir Kinder noch zu jung waren, hat sein bester Freund die Firma übernommen. 15 Jahre lang hatte die Familie keinen Bezug zur Rösterei. Dann hat man meinen Bruder Federico, der eigentlich etwas anderes machen wollte, überzeugen können mitzuarbeiten. Federico ist Verkaufsleiter von Bonomi und viel auf Reisen. In Italien und Osteuropa, sogar in Abu Dhabi und Spanien. Hier in Deutschland dominieren andere Firmen.

Als ich 1988 nach Frankfurt kam, gab es den Cappuccino noch mit Sahne, und die Cafés waren eher wie die in Wien: Man bekam sein Kännchen und saß lange. Ich mag dieses Entspannte, aber man muss die Zeit haben. Heute hat sich viel verändert. Gerade im Sommer findet hier mehr auf der Straße statt, auch kurze Kaffeepausen werden öfter gemacht. Wie in Mailand. Dort haben wir nicht diese Kaffee-und-Kuchen-Tradition, sondern eine andere,

»Nur als **Wachmacher** runtergekippt zu werden, das hat ein Kaffee nicht verdient«

FRANCESCA BONOMI, RAUMAUSSTATTERIN
UND TOCHTER EINES KAFFEERÖSTERS

schnellere Art des Kaffeetrinkens. Cafés gibt es in Italien sowieso nicht, sondern »Bars«. Das sind keine Cocktailbars, auch wenn man dort Campari bekommt, sondern Treffs mit Flaschenregal, kleinen Tischen und – das Wichtigste! – einer Theke, an der man steht. Man trinkt den Kaffee eigentlich im Stehen. Am Tisch ist es teurer. Draußen sitzen kann man in Mailand weniger. Die Fußwege sind so schmal, da ist alles zugeparkt.

In der Bar nimmt man morgens das italienische Frühstück, »Cappuccino e brioche« – einen Cappuccino und ein Croissant. Am Tag geht man zwischendurch zu Geschäftsterminen in die Bar, nach dem Essen gibt es wieder einen Kaffee, und so weiter. Vier bis fünf kleine Kaffees am Tag kann man schon trinken. Ich meine das, was man hier »Espresso« nennt. Wenn Sie in Deutschland »Kaffee« sagen, kommt eine Tasse oder ein Kännchen – deshalb müssen Sie zur Unterscheidung »Espresso« sagen. Wenn Sie in Italien »un caffé« ordern, kommt dieser kleine Espresso. Es gibt auch »caffé Americano«, also einfachen Filterkaffee, Cappuccino, Latte Macchiato oder »caffé lungo«, das ist ein Espresso mit etwas mehr Wasser. Dann trinkt man noch »corretto«, mit Anisschnaps, »caffé doppio« – da sind zwei Espressi drin – und Modegetränke wie »marocchino«, im Prinzip ein Mini-Latte Macchiato, mit einer dicken Schicht Kakaopulver drauf, im Glas serviert. Was in Mailand Mode ist, kommt später auch hierher. Den »Marocchino« gibt es schon im Fellini.

In Mailand auch angesagt ist »Aperitivo«. Nach 18 Uhr, zur Happy Hour, trifft sich die ganze Stadt beim Aperitif in den Bars, dazu gibt es mittlerweile richtige Buffets. Um neun geht man dann richtig essen. Mein Mann liebt das über alles. Er ist Deutscher und hätte so etwas gern auch hier. Stattdessen führt man in Deutschland lieber Coffeeshops ein, mit Kaffee »to go«. Davon bin ich nicht so begeistert. Ich will nicht herumrennen mit meinem Getränk, sondern genießen. Nur als Wachmacher runtergekippt zu werden, das hat ein Kaffee nicht verdient. In Italien tun sich Coffeeshops noch schwer. Bevor sie sich dort durchsetzen, wird es erbitterte Kämpfe geben.

Ich mag Deutschland sehr, aber man lässt sich hier gerne beeinflussen. Nehmen Sie Frankfurt: eine weltoffene Stadt, einfach toll. Aber sehr amerikanisiert, und neuerdings ist man stolz auf das mediterrane Flair. Gleichzeitig macht man die eigene Tradition schlecht. Dabei gibt es hier diese wunderbaren Apfelweinkneipen. Deutschland sollte natürlicher und selbstbewusster auftreten, vor allem Frankfurt braucht sich nicht zu verstecken.

FELLINI

Sachsenhausen, Diesterwegstraße 1,
Telefon 96 23 08 17,
Montag bis Freitag 7.30 bis 21 Uhr,
Samstag 8 bis 19 Uhr,
Sonntag Ruhetag

Tradition verpflichtet: Für viele ältere Menschen ist das Laumer seit Jahren eine Oase der Ruhe

Ein riesiges Kuchenangebot lockt, sogar Tagesgerichte wie eine typische Frankfurter Grüne Soße gibt es hier

Inmitten von Villen und Herrenhäusern im schicken Frankfurter Westend hat sich das CAFÉ LAUMER über viele Jahre hinweg als feste Größe für einen Schwatz bei Kaffee und Kuchen etabliert. Philosophen, Denker, Revolutionäre, feine Damen und Studenten sitzen hier bei Baumkuchen, Croissants und Frankfurter Kranz.

CAFÉ LAUMER

»In Cafés suchen wir **Schutz** vor plötzlichem Regen und können endlich mal wieder so richtig in Zeitungen stöbern«

RENÉ UND FRANK, WANDERGESELLEN

Unterwegs

Sie kennen kein Heimweh. Ein warmes Bett, der gefüllte Kühlschrank, vielleicht ein Bad erfreuen sie nur für den Moment. Wandergesellen sind immer unterwegs. Mit Regen im Gesicht oder glühenden Sonnenstrahlen im Nacken, nicht selten kribbelt der Hunger. Dennoch sind sie glücklich auf Wanderschaft. Selbst eine schöne Maid kann solche Burschen höchstens für eine Nacht unter die Decke bekommen. Am nächsten Tag heißt es meist für immer: Abschied nehmen. Freiheitsliebende eben.

Länger an einem Ort arbeiten die Allround-Handwerker nur dann, wenn es auf einer Baustelle anständig etwas zu tun gibt. Oder wenn sie einen größeren Auftrag vorbereiten. Wie Frank, 23, und René, 29. Die beiden sind nach Frankfurt am Main gewandert, um Flüge für ein Hilfsprojekt in Sri Lanka zu organisieren. »Wir bauen im Winter dort ein Dorf«, sagt Frank. »Jetzt sammeln wir gutes Werkzeug und brauchen noch Flugtickets für 20 Kollegen, die auch helfen wollen«, fügt René hinzu. Nicht ganz einfach, wenn man ohne Mobiltelefon, Fax, Visitenkarte und feste Adresse agiert, zu Terminen läuft oder per Autostopp reist. »Busse und Bahn sind uns verpönt«, erklärt Frank eines der Prinzipen von Wandergesellen. Ein anderes ist die immer gleiche Kleidung: schwarze Cordhosen, unten mit weitem Schlag, feste Schuhe, die alle paar Monate neue Sohlen bekommen, ein weißes Hemd und die ebenfalls schwarze Cordweste mit Jacke. Der Schlapphut schützt vor Regen und Sonne. Ihr Stenz – der Wanderstab, den sich jeder Geselle aus dem Wald schlägt – liegt locker in der Hand. Dazu das in Tuch gewickelte Gepäck: Schlafsack, Wäsche, das heilige Werkzeug. Und ein Wanderbuch, in das sich die Burschen von jeder erreichten Stadt nach alter Tradition einen Stempel geben lassen. Manchmal schreiben liebe Menschen auch ein Gedicht hinein. Oder Grüße. Wünsche.

»Unser Vorteil ist der gute Ruf der Wandergesellen«, sagt René stolz. »Ehrlich und aufrichtig zu sein, gute Arbeit zu liefern, niemandem zur Last zu fallen, das ist uns wichtig.« Die jungen Männer sind überzeugt, dass sie den Bau des Dorfes in Sri Lanka auf ihre Art und Weise packen werden. »Deshalb nimmt uns jeder Geschäftsmann ernst. Die meisten Menschen zeigen großen Respekt.« Wandergesellen können alle werden, die einen anerkannten Handwerskberuf gelernt haben. Also auch Maler, Fliesenleger, Elektriker, Bäcker, Steinmetze. Frank und René sind nach Abitur und Zivildienst Zimmermänner geworden. Im Café Laumer beratschlagen sie die weitere Vorgehensweise für die Werkzeugsuche. Hier gönnen sie sich auch mal einen Milchkaffee. »Cafés sind für uns etwas ganz Besonderes«, sagt René. »Dort suchen wir Schutz vor plötzlichem Regen und können endlich mal wieder so richtig in Zeitungen stöbern.« Meist wandern die Gesellen dem Weltgeschehen hinterher. Von der Flutkatastrophe in Südostasien erfuhr Frank, wie nur wenige Menschen auf der Welt, erst eine gute Woche später.

Wandergesellen sind drei Jahre und einen Tag auf der ganzen Welt unterwegs. In Europa sind derzeit rund 500 von ihnen, Frauen und Männer, auf Erfahrungs- und Arbeitssuche. Sie sind in sechs so genannten »Schächten« organisiert, die alte deutsche Namen tragen wie »Rolandsbrüder«, »Vogtländer«, »Rechtschaffende Freunde«, »Axt und Kehle« oder »Freiheitsbrüder«. René und Frank gehören zum »Freien Begegnungsschacht«, in dem auch Frauen reisen dürfen. Ihr Kennzeichen: der graue Schlips. Um sich gegenseitig zu schützen, gründeten die Wandergesellen im Mittelalter diese Bruderschaften. Um als Wandergeselle losziehen zu dürfen, braucht es aber noch mehr als den erlernten Beruf: ein Alter unter 30, keine Schulden, keine Verpflichtungen wie Kinder oder Ehefrauen, Flexibilität, was Unterkunft und Verpflegung betrifft, die Bereitschaft anzupacken und den steten Willen, etwas zu lernen. »Eines Tages holen dich Kollegen von zu Hause ab und bringen dich auf die Wanderschaft«, sagt Frank. »Sie geben wertvolle Tipps, in den ersten Wochen passen sie auch auf dich auf.«

René und Frank zimmern sich seit September 2004 durch Europa. Dänemark, Holland, Tschechien, Österreich und die Schweiz haben sie bereits erobert. Kürzlich hat Frank per Wette 300 Liter Bier gewonnen: Mit zwei Kollegen ist er von Flensburg bis Freiburg in nur sieben Wochen gelaufen. »Einer hatte sogar eine Fußverletzung«, erzählt der Mann mit den Rastalocken. »Wir haben ihn dann im Rollstuhl geschoben.« Wandergesellen besitzen nur die Dinge, die sie bei sich tragen. Sie starten mit fünf Euro in der Tasche, damit sollen sie auch wieder zurückkehren. Dafür ist der Schatz an Gelerntem unendlich. »Manchmal arbeiten wir für gutes Geld an einer Baustelle«, sagt René, der seine Lohnsteuerkarte immer bei sich trägt. Wandergesellen zahlen auch Steuern, sind natürlich krankenversichert. »Manchmal packen wir aber auch nur für Kost und Logis an.« In den seltensten Fällen sprechen Wandergesellen in einem Gasthaus laut vor, um ein Essen zu erbitten.

»Viele Menschen, gerade in Deutschland, helfen von selbst«, lobt Frank: »Es ist schön, wenn eine Bäckersfrau aus dem Laden kommt und frische Brötchen reicht.« In Frankfurt haben die beiden in einem Theaterzelt am Main geschlafen, auch privat zweimal recht locker eine Unterkunft bekommen. Nur in der Türkei scheint man die 1200 Jahre alte Tradition der Wandergesellen nicht zu kennen. Im Frankfurter Bahnhofsviertel erkundigte sich ein Kebab-Verkäufer bei den Jungs: »Etwas verbrochen und Scheiße gebaut, oder warum müsst Ihr so herumlaufen?«

CAFÉ LAUMER

Westend, Bockenheimer Landstraße 67,
Telefon 72 79 12,
Montag bis Samstag 7.30 bis 19 Uhr,
Sonntag und Feiertag 9 bis 19 Uhr
www.cafe-laumer.de

Es liegt ab vom Schuss, ist schmal und übersichtlich, die Einrichtung zeugt von schlichter Eleganz. Der Service ist persönlich, der Apfelkuchen hausgemacht und begehrt, den Kaffee liefert die Frankfurter Qualitätsrösterei Stern. Im feinen kleinen Bornheimer **KAFFEEHAUS** hat man einfach seine Ruhe.

Wer nichts Eigenes zum Lesen mitgebracht hat, findet hier eine schöne Auswahl an Büchern

KAFFEEHAUS

Viel Schaum, aber keine Schaumschlägerei: Auch die Kaffeehaus-Leute verstehen ihr Handwerk

»Was nützt mir ein **sexy Preis**,
wenn die **Qualität** nicht stimmt?«

GORAN DJUKIC, KAFFEEHAUS-EXPERTE

Was machen unsere Cafés, Herr Djukic?

Kaffee und Cafés – was bedeuten die Begriffe für Sie persönlich?
Kaffee muss gut und gut zubereitet sein: Man trinkt eine Tasse und hat eine Befriedigung für Stunden. Das Idealcafé für mich ist eine Oase, sie vermittelt Abschalten, Urlaub. All das finde ich zum Beispiel hier im Bornheimer Kaffeehaus.

Lässt man die vielen Bäckereien und Stehcafés, die Internet-, Eis- und Hotelcafés, die Museumscafés und angegliederten Cafeterien außer Acht, dann finden sich im örtlichen Telefonbuch immer noch rund 100 Betriebe, die sich Cafés nennen. Knapp zwei Handvoll davon sind eher traditionelle Cafés, rund zwei Drittel sind Szene- oder Stadtteilcafés, etwa 20 Prozent sind Coffeeshop-Filialen. Wie ist die Lage zu beurteilen?
Man kann nicht sagen, dass Frankfurt zu wenige Cafés hat. Auch hier müssen die meisten vor allem eins: wirtschaftlich sein. Klassische Cafés sind am Aussterben, nicht zuletzt wegen der Coffeeshops. Daneben finden sich in der Tat alle möglichen Mischbetriebe und die typischen Stadtteil- und Szenecafés, die ihr ganz bestimmtes Publikum haben. Nur die wenigsten aus dieser unübersichtlichen Gruppe sind ausschließlich Cafés. Die meisten Cafés in Frankfurt bieten längst ein Allround-Angebot, vom Frühstück bis zur Abendkarte, und sogar Cocktails: weil die wirtschaftliche Lage sie zwingt, alle potenziellen Gäste zu bedienen.

Wann ist ein Café erfolgreich?
In der Gastronomie gibt es fünf Erfolgsfaktoren. Sie gelten immer, ob man einen Imbiss aufmacht oder ein Café. Faktor eins: das Ambiente. Ein Betreiber wundert sich, dass Gäste wegbleiben, dabei sehen die Leute in seiner Beleuchtung einfach krank aus. Faktor zwei: das Preis/Leistungs-Verhältnis. Heikel – es darf nicht zu viel, aber auch nicht zu wenig kosten. Faktor drei: der Service. Wenn ich Bedienungen habe, die nicht lachen können, ohne eigene Persönlichkeit, dann entsteht keine Wohlfühlstimmung. Faktor vier: die Qualität. Was nützt mir ein sexy Preis, wenn die Qualität nicht stimmt? Kann ein 3-Gänge-Menü für 4 Euro gut sein? Und Faktor fünf: die Lage. Ein Nobel-Café stellt man nicht ins entlegenste Arbeiterviertel.

Und bei diesen Faktoren setzt die Beratung an?
In der Regel, ja. Wenn einer dieser Faktoren nicht stimmt, hat es der Gastronom schon schwer. Die daran gekoppelten Probleme sind vielschichtig. Bei der Beratung bringe ich meine Erfahrungen aus der klassischen Gastronomie, aber auch aus der modernen Systemgastronomie ein, ich kenne beide Bereiche. Ich muss mich ständig neu einstellen, und dabei natürlich meine eigenen Vorlieben zurückstellen. Aber gegen Faktoren wie das Wetter oder Groß-Events, die Gäste abziehen, kann auch ich nichts machen.

Apropos System-, also Ketten-Gastronomie – auch gegenüber Coffeeshop-Ketten gibt es Vorbehalte: uniformiert, unpersönlich, schlechter Kaffee...
Ich sehe eher die Vorteile. Produkte einer bestimmten Kette schmecken überall auf der Welt gleich. Angenommen, man ist irgendwo fremd, kommt mit dem lokalen Gastronomie-Angebot nicht zurecht. Und dann steht da eine Filiale der bekannten Burger- oder Coffeeshop-Kette. Da weiß man doch, was man hat! Die Betreiber wiederum können bei Zulieferern in großen Mengen und damit günstiger bestellen, den Preisvorteil geben sie im Idealfall an die Kunden weiter. Schlechte Qualität? Die kann sich auch ein Systemgastronom nicht leisten. Und was das Persönliche betrifft: Wenn Mitarbeiter eines Coffeeshops länger dabei sind, pflegen sie ebenfalls ihre Stammgäste – genau wie in jedem Szenecafé.

Schöne neue Coffeeshop-Welt?
Fakt ist: Es gibt gute und schlechte Qualität, gewissenhafte Betreiber und schwarze Schafe. Es gibt Vorteile und Nachteile. In der Systemgastronomie genauso wie in der klassischen Gastronomie.

Wohin geht der Trend?
Schnell und günstig. Wir entwickeln uns immer mehr in Richtung Systemgastronomie.

Ist das nicht schade?
Wie man's nimmt. Neben den Systemgastronomien werden langfristig nur noch Spezial-Lokale bestehen, etwa der italienische Familienbetrieb an der Ecke oder Stadtteilcafés – weil sie ihr bestimmtes Klientel haben. Es gibt weitere Trends: Der High-Price/Exklusiv-Sektor ist rückläufig. Selbst Gemachtes ist in, weg von Chemie. Darauf reagiert auch die Systemgastronomie: Warum arbeitet die Bundesbahn plötzlich mit Spitzenköchen, bieten Burgerketten frische Salate an? Qualität ist gefragt. Deshalb muss auch der Nachwuchs gefördert werden. Der Beruf des Kaffeekochers ist nicht geschützt, aber das Barista-Handwerk ist Kultur. Es muss bewahrt werden.

Offenbar gibt es auch in Frankfurt ein Bedürfnis nach glamourösen Cafés à la Wien und Budapest?
Noch eine spannende Entwicklung, manche haben die To-Go-Geschichten über. Aber das Geld ist nicht da. Gewerbeflächen sind in Frankfurt fast unbezahlbar, auch die Einrichtung eines schönen individuellen Cafés wäre sündhaft teuer. Jungunternehmer haben da momentan kaum Chancen, die Zeit ist nicht reif. Aber sie könnte bald reif sein. Es würde mich freuen.

GORAN DJUKIC

Goran Djukic, 1971 in Iserlohn geboren, wächst zeitweise in Kroatien, der Heimat seiner Eltern, auf. Mitte der Achtzigerjahre landet die Familie wieder in Deutschland. Goran macht den Schulabschluss und zwei klassische Gastronomieausbildungen, als Koch und als Restaurantfachmann. Seinen Plan, in der kroatischen Tourismus-/Gastronomie-Branche Fuß zu fassen, vereitelt der Jugoslawienkrieg. Der mittlerweile in Deutschland Eingebürgerte hängt sein Wirtschaftsabi an, beginnt dann aber doch kein Studium, sondern geht als Reiseleiter nach Griechenland und Fuerteventura. Irgendwann ist Schluss mit »Fun, Fun, Fun«, er will endlich beruflich wirklich etwas bewegen. Die besten Möglichkeiten dafür sieht er in Deutschland, wo er sich auf Lokale in der Opening-Phase konzentriert. 1999 kommt Goran nach Frankfurt. Hier sorgt er zusammen mit dem Berater Pierre Nierhaus für die Einführung des löslichen Bohnenkaffees in die Gastronomie: Neben World Coffee gehört das Nescafé in der Fressagss zu den Vorreitern des Frankfurter Coffeeshop-Booms. Heute hat Goran seine eigene Firma als Gastronomiefachberater und ist in freien Projekten tätig, weiterhin für Nierhaus Consulting und für Nescafé (Qualitäts- und Interimsmanagement, Coaching), aber auch für das Trainings- und Beratungsunternehmen Pencom (Konzeption). In der Reihe »Wissen schafft Kompetenz« des Deutschen Hotel- und Gaststättenverbands Baden-Württemberg hat Goran zwei interaktive Trainings-CD-ROMs für angehende Barkeeper und Servicemitarbeiter entwickelt, für den jährlich von der Wirtschaftsvereinigung Leaders Club veranstalteten Wettbewerb »Bar Star« war er konzeptionell und als Betreuer aktiv. Auch in der Jury der Deutschen Barista-Meisterschaften der Branchenvereinigung SCAE war er vertreten.

KAFFEEHAUS

Bornheim, Bornheimer Landwehr 26,
Telefon 463 080 87,
Montag bis Freitag 9 bis 22 Uhr,
Samstag 9 bis 20 Uhr,
Sonntag 10 bis 20 Uhr

Viele coole, schöne Szenemenschen, dennoch keinesfalls zu schick. Modern ist es hier, ohne zu stylisch zu wirken. Im **MOLOKO+** versammeln sich täglich die Anhänger des späten Frühstücks und der frühen Drinks. Am liebsten genießen die Gäste den sonnigen Platz vor dem Café – egal, ob im Winter oder im Sommer.

Moloko... Gab 's das nicht in der Korova Milchbar? Aber die war ja nur fiktiv. Und wesentlich ungemütlicher als dieser charmante Treff

M O L O K O +

Café und Bar –
ein idealer Ort für
Großstadtpflanzen und
Nachtschattengewächse

Mainhattan **Diva**

Diese Lebensgeschichte ist das Klischee einer Sängerin. Aber ein schönes. Als ich klein war, hörte meine Mutter Muriel immer dieses eine Lied: »Tonight Is The Night«, gesungen von Betty Wright. Immer und immer wieder. Bis es sich in meinen kleinen Kopf gebohrt hatte und ich anfing mitzusingen. Als ich dann zum ersten Mal verliebt war, begriff ich auch den Sinn. Weil Betty Wright viel Liebe und Emotionen in mir erweckt hat, habe ich ihren Familiennamen als Künstlernamen angenommen. Es gibt aber noch andere Gründe, warum ich Sängerin geworden bin. Meine Mutter stammt aus der holländischen Kolonie Surinam nördlich von Brasilien, ich bin aber in Holland geboren. Mein Vater ist Niederländer. Beide leben auch noch dort. Alle in der Familie meiner Mutter haben, wieder ein Sängerinnen-Klischee, im Kirchenchor gesungen. Meine Mutter wollte auch gerne singen, konnte es aber nicht so gut. Sagen zumindest die anderen. Sie hat es dann aufgegeben und stattdessen gebetet. Ihr Gebet – Achtung, noch ein Klischee – lautete: Gib mir ein Kind, das singen kann!

Und sie bekam es: Mit 12 Jahren habe ich meinen ersten Gesangswettbewerb gewonnen, mit 14 gab ich mein Debüt auf der Bühne. Erste Gagen besserten mein Taschengeld auf. Mit 17 sang ich viel in holländischen, belgischen und deutschen Diskotheken – Lieder, die auch heute noch auf den Wunschlisten ganz oben stehen. »I Will Survive«, »We Are Family« oder »I Am What I Am«, alles natürlich kräftige Songs zum Tanzen. An den US-Größen Diana Ross und Anita Baker orientierte ich mich früh. Manchmal arbeitete ich aber auch als Verkäuferin in Boutiquen oder kellnerte in Restaurants. Mit 18 habe ich an der Academy for Light Music in Hilversum, das ist ebenfalls in Holland, studiert. Vor sechs Jahren bin ich dann über einen Produzenten in Frankfurt am Main gelandet. Und es hat mir sofort gefallen. Als dann noch der King Kamehameha-Club aufmachte und ich als eine der Sängerinnen der Hausband auftreten durfte, hatte ich meine kleine musikalische Heimat gefunden. Es freut mich immer, wenn die Gäste im Club nach den Konzerten auf mich zukommen und sich für die Musik bedanken. Es gibt sogar eine Gruppe Frankfurter Jungs, die mir immer folgt, auch wenn ich mal woanders auftrete. Schön, so etwas. Und auf die King Kamehameha-Hausband können die Frankfurter stolz sein. Das sind alles klasse Musiker.

In Frankfurt begann für mich sofort eine gute Zeit. Zusammen mit zwei Kolleginnen toure ich durch Europa, wir nennen uns »American Divas«. Mehr als 125 Shows im Jahr bei Galas, Eröffnungen oder Clubkonzerten füllen mich beruflich bestens aus. Da ich keinen Manager habe, erledige ich auch meinen Bürokram selbst. Ich möchte das so. Mein Sternzeichen ist Krebs, da gibt man solche Dinge nicht gerne aus der Hand. In Frankfurt bin ich oft auf der Berger Straße in Bornheim unterwegs. Oder am Main. Deshalb liegt das moloko+ günstig für den Cappuccino am Nachmittag.

Es gibt auch Tiefschläge in meinem Leben. Die vielen Produzenten, die einem erklären, wie man auf Plattencovers auszusehen hat, was und wie man singen sollte, welche Lieder am besten ankommen – all das ist für mich sehr frustrierend. Ich kann die Musikmanager nicht mehr zählen, bei denen ich wegen meiner eigenen Sachen vorstellig war. Sie erzählen dies und versprechen das. Irgendwann hat es mir gereicht und ich habe mein eigenes Geld in eine CD-Produktion gesteckt. Es war ein bisschen wie der Kauf eines Hauses. Heute bin ich stolz auf meine Platte. Darauf, es alleine geschafft zu haben. Das Beste ist, und damit schließt sich der Kreis: Meine Mutter Muriel hat für diese Platte ein paar schöne Texte geschrieben.

Natascha Wright

NATASCHA WRIGHT

... ist der Frankfurter Szene als Sängerin der Hausband des King Kamehameha-Clubs ein Begriff. Dort tritt die Holländerin zweimal pro Monat donnerstags vor stets großem Publikum auf. Mit den US-Amerikanerinnen Pamela O´Neill und Vanda Guzman tourt sie als »The American Divas« durch Europa. Weltweit stand sie mit den Popgrößen Haddaway und DJ Bobo auf der Bühne. Natascha produziert mit dem Frankfurter Boney M-Schöpfer Frank Farian und war Leadsängerin der Band La Bouche. Im Frühjahr 2005 erschien ihre Platte »Free to Live It« (www.nataschawright.de). Die Texte stammen von ihrer Mutter Muriel und von der Frankfurterin Mary Applegate und deren Mann Chris. Natascha lebt seit sechs Jahren im Frankfurter Stadtteil Bockenheim.

MOLOKO+

Innenstadt, Kurt-Schumacher-Straße 1,
Telefon 13 88 69 32,
Sonntag bis Donnerstag 9 bis 2 Uhr,
Freitag und Samstag 9 bis 3 Uhr

»In Frankfurt habe ich meine **kleine musikalische Heimat** gefunden«

NATASCHA WRIGHT, SÄNGERIN

Durchflutet die Sonne den großen Raum, füllt auch ein klassisches Klavierstück akustisch ihn aus, ist er noch nicht mit vielen Menschen gefüllt und kommt der Milchkaffee nicht allzu spät, ja dann gehört das METROPOL zweifelsfrei zu den schönsten Plätzen der Stadt.

Das Metropol genießt Kultstatus unter Frankfurts Kaffeehausbesuchern: Familien, Freaks und Flaneure schwören drauf

METROPOL-CAFÉ AM DOM

Erst in den Gottesdienst, dann ins Metropol? Das Café liegt direkt hinter Frankfurts größter Kirche

»Viele haben die bizarre Vorstellung, **Komiker** feiern bis zum **Anschlag**, schlafen bis in die **Puppen** und hängen mittags in Cafés rum«.

VINCE EBERT, KOMIKER

Die Entdeckung der Langsamkeit

Viele haben sehr bizarre Vorstellungen vom Tagesablauf eines Komikers: abends feiern bis zum Anschlag, am nächsten Tag bis in die Puppen schlafen, nachmittags dann in Cafés rumhängen und auf Eingebungen warten. Das sind natürlich Klischees, die nicht im Geringsten der Realität entsprechen. Na ja, vielleicht bis auf den letzten Punkt. In der Tat trägt die Atmosphäre von Kaffeehäusern sehr zur Ideenfindung für meine Bühnenprogramme bei. Zum Beispiel bei einem Frühstück dort. Erst neulich untersuchte ich eine Senftube. »Mindestens haltbar bis 14.3.2007 – 11.04 Uhr!« Und ich fragte mich: Mein Gott, was genau passiert an diesem 14. März um 11.04 Uhr? Mein aktuelles Kabarettprogramm, »Urknaller – Physik ist sexy!«, ist größtenteils in Frankfurter Cafés enstanden. Nicht nur wegen der Senftube. Das Café Metropol hat es mir dabei besonders angetan. Der große Raum, die Zusammensetzung der Gäste, das chaotische Treiben in der Küche – irgendwie erinnert mich das alles ein wenig an meine früheren Zeiten im Physiklabor.

Und man wird in Ruhe gelassen. Manchmal zu sehr. Am heutigen Nachmittag steht anscheinend das Thema »Relativität der Zeit« auf dem Metropol-Lehrplan. Seit etwa zehn Minuten sitze ich an einem Zweiertisch in der Nähe des Tresens und warte geduldig auf die Bedienung. Die steht seelenruhig an der Kaffeemaschine und hat mich aus unerfindlichen Gründen noch nicht bemerkt. Ich versuche, Blickkontakt aufzunehmen. Möglicherweise ist das Verhalten der jungen Dame auf das Trägheitsgesetz zurückzuführen: Wenn auf einen starren Körper keine äußere Kraft einwirkt, verbleibt er in Ruhe. Oder die Quantentheorie. Da ist es für einen Beobachter nicht möglich, den Aufenthaltsort eines Objektes vollkommen exakt zu bestimmen. Ich glaube, im Metropol gilt die Heissenbergsche Unschärferelation und die Bedienung sieht nur eine diffuse Wahrscheinlichkeitswolke. Deswegen warte ich erstmal ab. Zeit ist schließlich relativ. Und hey … was sind schon ein paar Minuten im Vergleich zum Erdalter?

Es hilft der Zufall. Als ich versehentlich mit dem Aschenbecher die Erdanziehungskraft überprüfe, errege ich die nötige Aufmerksamkeit. Mit einem klasse Lächeln entschuldigt sich die junge Frau für die kleine Verspätung. Ein Milchkaffee und Obstsalat mit Honig sollen es sein. Übrigens: Honig ist ein Lebensmittel mit einer unbegrenzten Halbwertszeit. In ägyptischen Pharaonengräbern fand man Honigvorräte, die noch genießbar waren. Wahnsinn, oder? Solches Wissen hilft mir, wenn ich im Metropol auf einen Obstsalat warte. Innerlich kann man da ganz ruhig bleiben. Milchschaum dagegen ist kurzlebiger. Ich hab's überprüft: Nach acht Minuten ist der Schaum um die Hälfte geschrumpft. Nach weiteren acht Minuten ist vom Rest wiederum nur die Hälfte übrig. Klar: Die Verringerung des Schaumes pro Zeiteinheit ist proportional zum vorhandenen Volumen. Der Schaum des Kaffees zersetzt sich also nach dem radioaktiven Zerfallsgesetz. Wer hätte das gedacht? Milchschaum verhält sich wie Plutonium, allerdings mit einer wesentlich geringeren Halbwertszeit. Diese ungemein interessanten Beobachtungen und Erkenntnisse sind es, die mich immer wieder nachmittags ins Metropol treiben. Ein Ort in Frankfurt, an dem die Zeit etwas langsamer läuft als anderswo und trotzdem im Fluge vergeht. Genau das muss Albert Einstein gemeint haben, als er vor hundert Jahren erkannte: Zeit ist relativ.

Vince Ebert

VINCE EBERT

Einfallspinsel gleich Ausfallswinkel: Als der kleine Vince Ebert zum ersten Mal an einen elektrischen Weidezaun pinkelte, muss es einen riesigen Schlag getan haben, der manchmal noch heute bei seinen Bühnenauftritten zu hören ist. Eine Stimme hat daraufhin damals gesagt: Studiere Physik und unterhalte die Menschen damit. Und Vince tat, wie ihm geheißen. »Infrarot- und Raman-spektoskopische Untersuchungen von ferroelektrischen Phasenübergängen an Betain-Mischkristallen« stellt er 1994 für seine Diplomarbeit an, Note: 1,7. Heute erklärt der 37-jährige Wahl-Frankfurter auf renommierten Bühnen des Landes, warum der Himmel blau ist, was die Verspätungen der Deutschen Bahn mit Einstein zu tun haben oder wieso man keinen gelben Schnee essen sollte. TV-Auftritte absolviert er unter anderem im »Quatsch Comedy Club« auf ProSieben, bei »Otti's Schlachthof«, im Bayrischen Rundfunk, den »Mitternachtsspitzen« im WDR, »ARD Nightwash« und der NDR Talkshow. 2004 Premiere seines dritten Soloprogrammes »Urknaller - Physik ist sexy!« auf der Frankfurter Kabarettbühne »Die Käs«. Neben zahlreichen Galaauftritten und Moderationen für »wissentschaftliches Fachpublikum« ist Vince Ebert sogar im Rotlicht tätig. Beim Pik-Sonntag führt der Komiker jeden letzten Sonntag im Monat in der Pik-Dame im Bahnhofsviertel durch einen schrägen Abend mit Travestie, Comedy und Chansons. Vince Ebert lebt in Sachsenhausen. www.vince-ebert.de

CAFE METROPOL

Innenstadt, Weckmarkt 13 bis 15,
Telefon 28 82 87,
Dienstag bis Donnerstag 10 bis 1 Uhr,
Freitag und Samstag 9 bis 2 Uhr,
Sonntag 9 bis 24 Uhr, Sommerterrasse 10 bis 22 Uhr,
Montag Ruhetag

Im netten Hinterhofcafé bleibt die Hektik der angrenzenden Schweizer Straße weitgehend draußen. Tatsächlich treffen sich hier allerlei Schriftsteller, Journalisten und Leseratten. Das LESECAFÉ mit dem Buchladen nebenan ist natürlich auch ein Ort für die ganze Familie.

Wer im Lesecafé nichts zu lesen findet, hat selber Schuld

LESECAFÉ

Es ist ein Klischee, dass Literaten in Cafés zusammensitzen. Aber manchmal stimmt es...

Die Frau von drinnen

Wie oft schreibst Du in einem Café?

Neulich habe ich mal versucht, mit einem Laptop in einem Kaffeehaus mit Hotspot im Internet zu surfen. Das hat zu viel Kraft gekostet. Es haut einfach nicht hin. Geschweige denn, dass ich an einem Ort mit Kaffeehausbetrieb ein Buch schreibe. Dazu brauche ich Ruhe, gewisse Rituale und Konzentration. Die habe ich zu Hause. »Drinnen« heißt das bei mir. Draußen, wie hier im Café, lese ich sehr gerne. Bücher oder Zeitungen, die ich nicht abonniert habe. Oder Freunde kommen zum Quatschen vorbei. Die Zeit und die Ablenkung sind in einem Café einfach zu schön, um nur zu schreiben. Ich bleibe auch selten weniger als eine Stunde, genieße die Zeit unter Menschen. Schreiben ist unsozial, man ist viel allein in der Wohnung. Deshalb brennt oft die Sehnsucht, Leute zu treffen.

Wie sieht das Arbeits- und das damit verbundene Koffeinverhalten einer jungen Schriftstellerin aus?

Ich arbeite von zehn Uhr morgens bis zur Tagesschau um acht Uhr abends. Dazu trinke ich mindestens eine große Kanne schlichten Bohnenkaffee. Oder israelischen Instantkaffee. Da ich ausgiebig frühstücke, stört mich der Hunger erst gegen späten Mittag. Zwischendurch bin ich aber für jede Ablenkung von draußen dankbar. Beispielsweise durch ein Telefonat.

Oder ein Treffen mit anderen Schriftstellern im Lesecafé?

Es trifft wieder ein Klischee, dass Literaten oft in Cafés zusammensitzen und über die Worte philosophieren. Manchmal stimmt es sogar. Zwar sind unter den Schreibern viele Eigenbrötler, aber sich auszutauschen ist gerade in diesem Beruf sehr wichtig. Der geschulte Blick eines Kollegen hilft, Fehler zu vermeiden, und spart Zeit. Das Zusammenarbeiten habe ich früh gelernt, das möchte ich nicht missen. Tatsächlich treffe ich im Lesecafé viele Kollegen. Mal per Verabredung, mal zufällig.

Was steht außer der Kaffeetasse noch auf Deinem Schreibtisch?

Ein Altarbild von Jesus. Und viele Fotoaufnahmen von Orten, die in meinen Büchern vorkommen. Ich fotografiere die Schauplätze mit einer analogen Kamera und schaue mir die atmosphärischen Bilder zu Hause beim Schreiben wieder an. Es sind visuelle Notizen.

Mit wem würdest Du gerne mal einen Kaffee trinken?

Alice Schwarzer, Angela Merkel und Vladimir Putin.

Was tust Du, wenn die Platte hängt, wenn Du einfach beim Schreiben nicht weiterkommst?

Es kann schon mal passieren, dass ich zwei Stunden an einem Satz hänge. Dann gehe ich nach draußen, einen Liter Milch kaufen. Das ist so herrlich einfach, dass daraufhin auch meistens der Satz gelingt. Einfach etwas völlig anderes tun, das ist wohl das Beste.

Welche Literaten gehören zu Deinen Vorbildern?

Thomas Mann mit »Die Buddenbrooks« und der Norweger Knut Hamsun mit »Segen der Erde« sind meine Lieblingsschriftsteller. Zuletzt habe ich Markus Werners Roman »Am Hang« mit Begeisterung gelesen.

Noch ein Klischee: Kommen die besten Ideen fürs Schreiben wirklich nachts bei einem Glas Wein?

Wenn ich mit Alkohol schreibe, folgt am nächsten Tag die kalte Ernüchterung. Bei mir haut das nicht hin. Ich vertraue da ganz auf meine Kanne Kaffee. Ideen hole ich mir unterwegs, ohne sie gleich zu notieren. Fällt mir eine am Schreibtisch nicht mehr ein, war sie ohnehin nicht gut.

Früher tackerten Autoren lange auf Schreibmaschinen herum und schleppten ihr Werk anschließend per Ausdruck zum Verlag. Ist das Leben im Internet-Zeitalter für einen Schriftsteller nicht viel einfacher?

Mein Manuskript per E-Mail zu schicken fällt mir im Traum nicht ein. Das ist stillos. Auch ich drucke es aus, und dann: ab in den Briefkasten. Mit E-Mails arbeite ich erst seit eineinhalb, zwei Jahren, meinen Computer behandle ich eher wie eine Schreibmaschine. Da bin ich wohl der altmodische Typ. Auch die Recherche im Internet kann niemals das Beobachten vor Ort ersetzen.

RICARDA JUNGE

Es geschieht beim Kartoffelschälen im Mai 2000. Das Telefon klingelt. Ricarda Junge hebt ab und hört einen Lektor des Frankfurter Fischer Verlages sagen: »Schicken Sie uns doch mal eine Erzählung.« Ricarda, die als Jugendliche eigentlich Pfarrerin werden wollte, dann 1999 das Studium am Deutschen Literaturinstitut Leipzig aufnahm, traut ihren Ohren nicht. Muss sie aber. Mit 23 Jahren veröffentlicht sie ihr erstes Buch, »Silberfaden«. Es sind 12 Ich-Erzählungen junger Menschen, die an unterschiedlichen Orten leben, aber alle ähnliche Probleme haben: mit der Liebe, ihrer Sexualität, der Selbstfindung und dem Gefühl der Heimatlosigkeit. 2003 erhält Ricarda dafür den Grimmelshausen Förderpreis und den George-Konell-Preis der Stadt Wiesbaden. Zwei Jahre später folgt ihr nächstes Werk. Der Roman »Kein fremdes Land« beschreibt das Leben des Deutschen Tom, der in Amerika für eine Zeitung über mysteriöse Morde berichtet. Der zweite Irakkrieg ist in vollem Gang, Tom hat immer größere Schwierigkeiten, in den USA zu leben. Hinzu kommen seine unglücklichen Beziehungen zu Frauen. In »Kein fremdes Land« geht es um falsche Rollenverteilungen und Erwartungsdruck – Ricardas zentrale Themen zu der Zeit. Sie übt Kritik am amerikanischen Bildungssystem, das einem unbarmherzigen Motto folgt: »Was immer in dir steckt, wir holen es aus dir heraus«. Die Autorin hat diese Erfahrung mit 16 Jahren selbst gemacht, als sie in Philadelphia zur Highschool ging. Immerhin förderte man dort ihr Schreibtalent. Ihren ersten »öffentlichen« Text hat sie jedoch in Deutschland geschrieben. Es war kurz vor der Wende, die damals Elfjährige besuchte mit ihrer Mutter regelmäßig die Montagsdemonstrationen in Rostock. Sie brachte ihre emotionalen Eindrücke zu Papier, die Lehrer waren begeistert und ließen sie die Texte in ihrer Klasse vorlesen. Ricarda Junge zählt derzeit zu den besten deutschen Nachwuchsschriftstellerinnen, lebt in Wiesbaden, arbeitet manchmal in Frankfurt am Literaturinstitut und besucht nach einem langen Tag des Schreibens immer wieder gerne das Sachsenhäuser Lesecafé.

LESECAFÉ

Sachsenhausen, Diesterwegstraße 7,
Telefon 62 25 23,
Montag bis Freitag 8.30 bis 18.30 Uhr,
Samstag, Sonntag und Feiertag 10 bis 18.30 Uhr

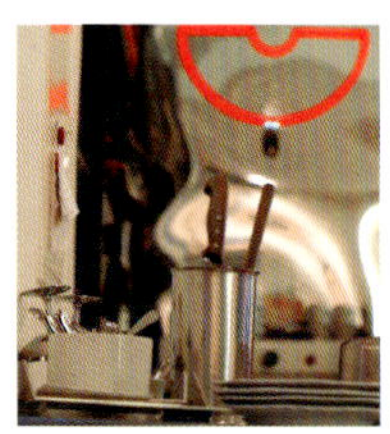

»Schreiben ist unsozial. Man ist viel allein.
Deshalb brennt oft die Sehnsucht, Leute zu treffen«

RICARDA JUNGE, SCHRIFTSTELLERIN

Frankfurts ältestes Café in Familienbesitz, einst 1914 am Paulsplatz eröffnet und später in die Kaiserstraße umgezogen, ist ein Ort für Liebhaber selbst gebackener Kuchensorten. Das ALTE CAFÉ SCHNEIDER beliefert aber auch andere Kaffeehäuser mit den stadtbekannten Torten und weltberühmten Bethmännchen.

Wer kann dazu schon Nein sagen? Die Konfekt- und Kuchen-Auslagen sind einfach zu verlockend

ALTES CAFÉ SCHNEIDER

Frankfurter Mädchen

Sie saß immer an Tisch eins. Dort sitzt auch heute eine Frau. Wo einst die Frankfurter Edelhure Rosemarie Nitribitt nahezu täglich mittags ihren Kaffee genoss, ist anno 2005 dem Frankfurter Travestiekünstler Bäppi La Belle die hausgemachte Trüffelsahnetorte lieb und teuer. Böse Zungen behaupten schon, der Kreis schließe sich nun. Doch ist die schöne, blonde Nitribitt, die stets allein hierher kam, keineswegs zu vergleichen mit La Belle. Die heißt übrigens mit richtigem Namen Thomas Bäppler. Ein Frankfurter Original der hohen Kunst der Travestie, muss man wissen. Ein Mann, der in Frauenkleidern babbelt, singt und lebt – sogar seinen Lebensunterhalt damit verdient.

Mit Sicherheit machte die Nitribitt in den Fünfzigerjahren vergleichsweise mehr Geld mit ihrem Körper als der Thomas – und aß vor allem weniger Trüffelsahnetorte. Auch starb sie gezwungenermaßen wesentlich früher – die gute alte Bäppi dürfte mittlerweile die 50 überschritten haben. Genaues aber weiß man in der Stadt darüber nicht. Jedenfalls hat die Frankfurter Polizei das »Mädchen Rosemarie«, wie die Nitribitt nach einer TV-Verfilmung immer noch genannt wird, im zarten Alter von 24 Jahren erschlagen aufgefunden. Sie hatte den Kardinalfehler einer Prostituierten begangen: ein Notizbuch mit den Namen ihrer Kunden geführt. »So ein dummes Ding«, ist alles, was Bäppi dazu sagt. Fortan ward die bekannteste Prostituierte des Wirtschaftswunders nie mehr gesehen im Alten Café Schneider, gegenüber dem teuren Hotel Frankfurter Hof. »Die Besten gehen eben immer zuerst«, philosophiert Bäppi traurig und beißt in ein Stück Torte. Sein zweites Stück an diesem Mittag.

In das gute alte Traditionshaus schneit die Frankfurter Travestie-Ikone immer gerne mal hinein, bei einem ihrer geliebten Stadtspaziergänge. »Es gibt halt dauernd etwas in der Gegend zu erledigen.« Und beim Einkaufen bleibt großer Appetit nicht aus. »Erst verputze ich einen Kringel Fleischwurst in der Kleinmarkthalle«, sagt Bäppi zufrieden. »Dann zwei Kännchen Kaffee und ein, nein, mindestens zwei Stückchen dieser leckeren Torte.« Spricht es und lässt die letzten Reste in seinen mit Lipppenstift bemalten Mund verschwinden. Rauscht die Fleischworscht-Diva in das meist gut gefüllte Kaffeehaus, verstummen die eher älteren Damen und Herren und heben die Köpfe. Die Blicke kleben an dem Mann in Frauenkleidern, doch bald schon normalisiert sich die Lage wieder. Sind doch bekannte Gäste wie der Literaturkritiker Marcel Reich-Ranicki oder Frankfurts Oberbürgermeisterin Petra Roth, sogar der eine oder andere gefeierte Schauspieler, ebenfalls Liebhaber der sündigen Torten. Zeit, dass Bäppi ein drittes Stück verdrückt.

Ach so: Isst er mal nicht hier, geht der Thomas natürlich auch einer geregelten Arbeit nach. Im Tits-Theater, dem Theater in der Tanzschule, kreischt, schwoft und parliert Frankfurts Diva dreimal pro Woche in eigenen Shows. Mal gibt es in dem Frankfurter Nordend-Treff mächtig »Trouble on Broadway«, mal Tränen in »This Is My Life«, mal einen Hauch von Melancholie in »Ich war nie Revuetänzerin«. Oder La Belle taucht doch glatt »In 66 Fummeln« auf.

»Diese Show hätte auch der Nitribitt gefallen«, sagt Bäppi, der selbst davor nicht zurückschreckt, als Angela Merkel im schwarzweiß karierten Siebzigerjahre-Kostüm aufzutreten. Das tut Bäppi sogar als Moderator beim alljährlichen Gay-Spektakel, dem Christopher Street Day an der Konstablerwache.

Ansonsten heißt es Tanzen, Tanzen, Tanzen – auf dem Parkett seines Theaters an der Friedberger Landstraße. Denn Bäppi ist eigentlich gelernter Tanzlehrer und als solcher sogar im Vorstand der Deutschen Tanzlehrerinnung. In einer Bank zu arbeiten war für den jungen Thomas nichts. Beim Gedanken an einen Handwerksberuf zeigte sich die Gefahr eines Fingernagelbruchs als nicht zu akzeptierendes Risiko. Und auch im kirchlichen Bereich war für Bäppi aus den bekannten Gründen keine allzu große Karriere zu erwarten. Kamen nur noch Travestie und Tanzlehrer für ihn in Frage. Denn selbst in dem Beruf, den die Nitribitt ausübte, hätte es Bäppi nicht sehr weit gebracht. Seine Liebe zur Trüffelsahnetorte im Alten Café Schneider ist einfach nur eins: fatal für die Figur.

ALTES CAFÉ SCHNEIDER

Innenstadt, Kaiserstraße 12,
Telefon 28 14 47,
Montag bis Freitag 8 bis 19 Uhr,
Samstag 8 bis 18 Uhr, Sonntag 12 bis 18 Uhr

»Beim Einkaufen bleibt großer Appetit nicht aus«

BÄPPI LA BELLE, TRAVESTIE-DIVA

Die absolute Kultadresse unter Frankfurts Kaffeehäusern – gemischter geht es vom Publikum her wirklich kaum. Auch in Sachen Frühstück und Kaffeequalität ist das CAFÉ KARIN längst eine feste Größe.

CAFÉ KARIN

Für Verabredungen in der Innenstadt ist das Karin einer der meistgewählten Treffpunkte

Ungewöhnliche Perspektiven: So leer ist es hier nur selten

Kennen Sie Karin?

Tragen Cafés den Namen eines Menschen, bleibt die ultimative Frage nicht aus: Nach wem ist diese Lokalität benannt? So beschäftigt die Frankfurter seit Jahren immer wieder, woher wohl das stadtbekannte Café Karin, in unmittelbarer Nachbarschaft von Goethes Geburtshaus gelegen, seinen Namen hat. Sogar der Espresso mit aufgeschäumter Milch im Glas, weltweit als Latte Macchiato bekannt, heißt hier Karin. So berühmt scheint er zu sein, dass ihn auch manch anderes Café der Stadt auf der Karte stehen hat. Wer also, verflixt und zugenäht, ist diese Karin? Gibt es sie überhaupt? Mal sehen, vielleicht wissen die Leute im Café mehr.

Als erstes tippt man natürlich auf die Betreiberinnen. Nein, die heißen Sara und Tatjana, sagt eine Mitarbeiterin. Ist es vielleicht die Köchin? Aber da lugt ein Mann hinter der Durchreiche hervor. Eine der Bedienungen? Die schütteln nur mit dem Kopf. Könnte es eine Nachbarin sein? Goethes Putzfrau vielleicht? Seine Geliebte? Die für die Innenstadt zuständige Stadtverordnete? Eine Hausbesitzerin? Gar eine Hausbesetzerin? Ein weiblicher Gast mit hohem Latte-Macchiato-Konsum? Immer wieder Fehlanzeige! Wohin man auch schaut: ratlose Gesichter. Eine Katja sitzt unter den Gästen, es kommt noch eine

Kassandra herein. Doch nirgends gibt es eine Karin. Plötzlich der Tipp eines netten Gastes: »Ich würde mal im Strandcafé fragen«.

Tatsächlich bringt der Ortswechsel Licht ins Dunkel um Karin – und die Recherche Folgendes zu Tage: Das Strandcafé im Nordend galt in den Achtziger- und Neunzigerjahren als Kultadresse unter Frankfurts Kaffeehäusern. Designer, Werbefachleute, Handwerker, Friseure – die unterschiedlichsten Menschen trafen sich hier zum Szene-, Polit- und Beziehungs-Talk. Auch die Fotografin Karin Hieronymi saß mit ihrer Freundin Ruth sehr gerne hier. Und Karin hatte immer einen ganz persönlichen Sonderwunsch, was ihren Kaffee betraf: »Bitte in einem großen Glas viel Milch aufschäumen und einen Espresso hineinkippen!« Karin war damals regelmäßig im Strandcafé, ihre ungewöhnliche Getränkevariante bescherte ihr viel Aufmerksamkeit. »Ich will auch so einen Kaffee«, hieß es bald unter den Gästen, wenn Karin wieder mal ihren »Special« bestellte. Aha, die gesuchte Frau scheint greifbar nahe. Jemand steckt die Telefonnummer zu.

Zurück im Café Karin. Die ehemaligen Betreiberinnen des Strandcafés haben ihren neuen Laden nach der Frau mit dem Extrawunsch genannt. Und diesen Extrawunsch als »Kaffee Karin« auch auf der Speisekarte verewigt. Mit blonden Haaren und roter Trainingsjacke sitzt Karin da und lächelt nett. Vor ihr steht, na klar, ein »Karin«. »Vor 15 Jahren kannte man in der Stadt nur gewöhnlichen Kaffee, höchstens noch einen Espresso«, erklärt sie knapp. Ja, und...? »Als Fotografin hatte ich früh mit dem Reisen begonnen und im südeuropäischen Ausland schnell die unterschiedlichsten Möglichkeiten der Kaffeezubereitung kennen und lieben gelernt. Der Latte Macchiato hatte es mir besonders angetan.« Das ist also die gesuchte Karin. Eine Fotografin, die mit ihrer Tochter Sophie in Frankfurt lebt – und auch schon einige Ihrer Porträtaufnahmen bei Ausstellungen im Café Karin zeigte. Die vor langer Zeit in ein Frankfurter Café ging und sagte: »Bitte in einem großen Glas viel Milch aufschäumen und einen Espresso hineinkippen!«

CAFÉ KARIN

Innenstadt, Großer Hirschgraben 28,
Telefon 29 52 17,
Montag bis Donnerstag 8.30 bis 1 Uhr,
Freitag und Samstag 8.30 bis 2 Uhr,
Sonntag 9.30 bis 19 Uhr
www.cafekarin.de

WO NOCHMAL?

ADRESSEN

ALTES CAFÉ SCHNEIDER
Innenstadt, Kaiserstraße 12,
Telefon 28 14 47,
Montag bis Freitag 8 bis 19 Uhr,
Samstag 8 bis 18 Uhr,
Sonntag 12 bis 18 Uhr
U-Bahnhaltestelle Willy-Brandt-Platz

CAFÉ AM LIEBFRAUENBERG
Innenstadt, Liebfrauenberg 24,
Telefon 28 73 80,
Montag bis Samstag 8 bis 22 Uhr,
Sonn- und Feiertag 9 bis 20 Uhr
S- und U-Bahnhaltestelle Hauptwache

CAFÉBAR FIFTYFOUR
Innenstadt, Große Bockenheimer Straße 54,
Telefon 92 88 68 48,
Montag bis Mittwoch 8 bis 2 Uhr,
Donnerstag bis Samstag 8 bis 4 Uhr,
Sonntag 10 bis 1 Uhr
U-Bahnhaltestelle Alte Oper
www.barfiftyfour.de

CAFÉ CHRISTINE
Eschersheim, Eschersheimer Lanstraße 319,
Telefon 56 17 66,
Montag bis Freitag 7.30 bis 19 Uhr,
Samstag 8 bis 18 Uhr,
Sonn- und Feiertage 10 bis 18 Uhr
U-Bahnhaltestelle Fritz-Tarnow-Straße

CAFÉ CRUMBLE
Bockenheim, Kiesstraße 41,
Telefon 71 5 88 738,
Montag bis Sonntag 8 bis 20 Uhr
U-Bahnhaltestelle Bockenheimer Warte

CAFÉ HAUPTWACHE
City, An der Hauptwache 15,
Telefon 21 99 86 27,
Montag bis Samstag 10 bis 1 Uhr ,
Sonntag 12 bis 20 Uhr
S- und U-Bahnhaltestelle Hauptwache

CAFÉ IM HOLZHAUSENPARK
Nordend, Holzhausenpark,
ab März bis Ende Oktober / Anfang November,
Montag bis Freitag 11 bis 22,
Samstag, Sonntag und Feiertag 10 bis 22 Uhr
U-Bahnhaltestelle Holzhausenstraße

CAFÉ IM LIEBIEGHAUS
Sachsenhausen, Schaummainkai 71,
Telefon 63 58 14,
Dienstag bis Freitag 11 bis 20 Uhr,
Samstag 11 bis 18.30 Uhr,
Sonntag 10 bis 20 Uhr
Straßenbahnhaltestelle Stresemannallee / Gartenstraße

CAFÉ KANTE
Nordend, Kantstraße 13,
Telefon 49 90 083,
Montag bis Freitag 7 bis 20 Uhr,
Samstag 7 bis 19 Uhr,
Sonntag und Feiertag 8.30 bis 19 Uhr
U-Bahnhaltestelle Merianplatz

CAFE KARIN
Innenstadt, Großer Hirschgraben 28,
Telefon 29 52 17,
Montag bis Donnerstag 8.30 bis 1 Uhr,
Freitag und Samstag 8.30 bis 2 Uhr, Sonntag 9.30 bis 19 Uhr
S- und U-Bahnhaltestelle Hauptwache
www.cafekarin.de

CAFÉ LÄUFT
Nordend, Rohrbachstraße 54,
Telefon 90 43 05 18,
Montag bis Freitag 9.30 bis 24 Uhr,
Samstag / Sonntag 9.30 bis 18 Uhr,
wechselnde Tageskarte
Straßenbahnhaltestelle Rohrbachstraße

CAFÉ LAUMER
Westend, Bockenheimer Landstraße 67,
Telefon 72 79 12,
Montag bis Samstag 7.30 bis 19 Uhr,
Sonntag und Feiertag 9 bis 19 Uhr,
U-Bahnhaltestelle Westend
www.cafe-laumer.de

CAFÉ LIEBESDIENSTE
Sachsenhausen, Textorstraße 24,
Telefon 60 62 97 60,
Montag bis Samstag 9 bis 20 Uhr
S- und U-Bahnhaltestelle Frankfurt Süd
www.liebesdienste-am-main.de

CAFÉ LILIPUT
Innenstadt, Neue Kräme 29 / Sandhofpassage,
Telefon 28 57 27,
Montag 10 bis 22 Uhr,
Sonntag 14 bis 22 Uhr
S- und U-Bahnhaltestelle Hauptwache

CAFE SENZA LICENZA
Sachsenhausen, Schaumainkai,
Höhe Filmmuseum, jedes Jahr im Sommer zu Gast
U-Bahnhaltestelle Schweizer Platz
www.comoedia-mundi.de

CAFÉ YPSILON
Nordend, Berger Straße 18,
Telefon 44 79 89,
Montag bis Donnerstag 8.30 bis 1 Uhr,
Freitag und Samstag 8.30 bis 2 Uhr,
Sonntag 10 bis 1 Uhr
U-Bahnhaltestelle Merianplatz

CARDAK
Bahnhofsviertel, Weserstraße 2,
täglich von 8.30 bis 3 Uhr
S- und U-Bahnhaltestelle Hauptbahnhof

FELLINI

Sachsenhausen, Diesterwegstraße 1,
Telefon 96 23 08 17,
Montag bis Freitag 7.30 bis 21 Uhr,
Samstag 8 bis 19 Uhr, Sonntag Ruhetag

U-Bahnhaltestelle Schweizer Platz

FRAZER COFFEE

Innenstadt, Börsenplatz 1,
Telefon 29 72 49 40,
Montag bis Freitag 7 bis 18 Uhr,
Samstag 8 bis 18 Uhr
S- und U-Bahnhaltestelle Hauptwache

Weitere Filialen:

Innenstadt, Kirchnerstraße 6-8,
U-Bahnhaltestelle Willy-Brandt-Platz

Bockenheim, Leipziger Straße 1,
U-Bahnhaltestelle Leipziger Straße

Niederrad, Lyoner Straße 11,
S-Bahnhaltestelle Niederrad

KAFFEEHAUS

Bornheim, Bornheimer Landwehr 26,
Telefon 463 080 87,
Montag bis Freitag 9 bis 22 Uhr,
Samstag 9 bis 20 Uhr, Sonntag 10 bis 20 Uhr

U-Bahnhaltestelle Höhenstraße

KINDER-CAFÉ ZEBULON

Bockenheim, Grempstraße 23,
Telefon 77 35 54,
Montag bis Samstag 15 bis 18 Uhr,
Sonntag 9 bis 18 Uhr, in den Schulferien geschlossen

U-Bahnhaltestelle Kirchplatz

LESECAFÉ

Sachsenhausen, Diesterwegstraße 7,
Telefon 62 25 23,
Montag bis Freitag 8.30 bis 18.30 Uhr,
Samstag, Sonntag und Feiertag 10 bis 18.30 Uhr

U-Bahnhaltestelle Schweizer Platz

METROPOL – CAFÉ AM DOM

Innenstadt, Weckmarkt 13 bis 15,
Telefon 28 82 87,
Dienstag bis Donnerstag 10 bis 1 Uhr,
Freitag und Samstag 9 bis 2 Uhr,
Sonntag 9 bis 24 Uhr,
Sommerterrasse 10 bis 22 Uhr,
Montag Ruhetag

U-Bahnhaltestelle Römer

MOLOKO+

Innenstadt, Kurt-Schumacher-Straße 1,
Telefon 13 88 69 32,
Sonntag bis Donnerstag 9 bis 2 Uhr,
Freitag und Samstag 9 bis 3 Uhr

U-Bahnhaltestelle Römer

MOZART CAFÉ

Innenstadt, Töngesgasse 23,
Telefon 29 19 54,
Montag bis Samstag 8 bis 22 Uhr,
Sonntag 8 bis 21 Uhr

S- und U-Bahnhaltestelle Konstablerwache

ODYSSEE

Nordend, Weberstraße 77,
Telefon 90 50 09 95,
Montag bis Freitag 17 bis 1 Uhr,
Samstag ab 10 Uhr

U-Bahnhaltestelle Glauburgstraße

www.odyssee-frankfurt.de

SIESMAYER

Westend, Siesmayerstraße 59,
Telefon 900 20 200,
ganzjährig 7.30 bis 24 Uhr

U-Bahnhaltestelle Westend

www.palmengarten-gastronomie.de

STARBUCKS

City, Große Bockenheimer Straße 50,
Tel. 13 38 79 69,
Montag bis Donnerstag 8 bis 23 Uhr,
Freitag 8 bis 23.30 Uhr,
Samstag 9 bis 23.30 Uhr, Sonntag 9 bis 23 Uhr
S- und U-Bahnhaltestelle Alte Oper

Weitere Filialen:

Innenstadt, Braubachstraße 36,
U-Bahnhaltestelle Römer

Innenstadt, Kaiserstraße 20,
S- und U-Bahnhaltestelle Hauptwache

Innenstadt, Neue Mainzer Straße 66,
U-Bahnhaltestelle Willy-Brandt-Platz

Innenstadt, An der Welle 4,
U-Bahnhaltestelle Alte Oper

Innenstadt, Börsenplatz 1,
U-Bahnhaltestelle Hauptwache

www.starbucks.de

WACKER'S KAFFEE GESCHÄFT

Innenstadt, Kornmarkt 9,
Telefon 28 78 10,
Montag bis Freitag 8 bis 19 Uhr,
Samstag 8 bis 18 Uhr,
Sonntag Ruhetag
S- und U-Bahnhaltestelle Hauptwache

Weitere Filialen:

Nordend, Mittelweg 47,
U-Bahnhaltestelle Musterschule

Bornheim, Berger Straße 185,
U-Bahnhaltestelle Bornheim-Mitte

www.wackers-kaffee.de

WALDEN

Innenstadt, Kleiner Hirschgraben 7,
Telefon 92 88 27 00,
Montag bis Freitag 8 bis 1 Uhr,
Sonntag 9 bis 18 Uhr

S- und U-Bahnhaltestelle Hauptwache

www.walden-frankfurt.com

DIE MISCHUNG MACHTS

Wie kann jemand ein Buch über Cafés schreiben und selber einen so fürchterlichen Kaffee kochen? Der Journalist **Thorben Leo**, 34, hört diese Frage öfter, wenn er Freunden ein Tässchen brüht. Alles halb so wild, dieser Mann hat andere Qualitäten. Zum Beispiel die, Menschen in dieser Stadt zu finden, die einiges zum Thema Kaffee und Cafés zu berichten haben. Oder die, ihre Geschichten in treffende Worte zu kleiden. Ein sicheres Gespür für das, was die Menschen interessiert, beweist er auch in seinen Reportagen und Porträts für viele Magazine und Zeitungen des Landes. Nach dem Erfolg des Buchprojekts »Frankfurter Bargeflüster« (2004) war es für ihn ein Leichtes, die drei anderen Kreativen auch beim »Frankfurter Caféklatsch« mitzureißen. Eine Caffettiera für besseren Kaffee hat er sich inzwischen zugelegt.

Michael Behrendt ist passionierter Tee- und Kaffeetrinker. Manchmal darf es auch eine heiße Schokolade sein, aber bitte mit Sahne! Für einen Cappuccino steigt der 46-jährige Co-Autor und Lektor dieses Buches zu Hause im Nordend mehrmals die Woche ein paar Treppenstufen hinab – und gleich wieder hinauf: In der eigenen Tasse lässt er sich im benachbarten Café Kante sein Lieblingsgetränk zubereiten, das er anschließend am Computer oder auf dem Südbalkon genießt. Ein reiner Schreibtischtäter ist der freischaffende Autor und Redakteur deshalb noch lange nicht. Als langjähriger Redaktionsleiter und Chefredakteur zweier Frankfurter Stadtmagazine kennt er auch die Welt der Gastronomie und seiner schillernden Figuren seit langem aus eigener Erfahrung. Großes Detail- und Hintergrundwissen würzen denn auch seine zehn Geschichten für diesen Caféklatsch.

Kaffeetrinken ist für sie ein Ritual. Schon frühmorgens mahlt **Nicole Hoehne** frische, duftende Kaffeebohnen, schäumt Milch zu einer beachtlichen Krone und zaubert sich einen leckeren Cappuccino. Für kurze Zeit kehrt sie dann zur morgendlichen Kaffee-Zeremonie noch einmal ins Bett zurück. Danach kann der Tag beginnen... Die Art-Direktorin und Grafikerin trinkt aber auch zur Mittagspause in der City, meist im Café Karin, gern einen leckeren Latte

Macchiato. Seit mehr als 12 Jahren gestaltet die Ästhetin Coverseiten und Titelstorys für die unterschiedlichsten Hochglanzmagazine. Aus den vielen Geschichten und Bildern rund um das Caféleben der Stadt hat sie mit einem bemerkenswerten Sinn für Farben und liebevolle Details diesen Band gezaubert.

Eine Welt ohne Kaffee ist für die Frankfurter Fotografin **Angelika Zinzow** nur schwer vorstellbar – wie für viele Menschen auf der Welt. Läuft die 34-Jährige nach ein paar Tassen auf Touren, ist ihr neugieriges Auge für außergewöhnliche Fotos geschärft. Das wissen viele Redaktionen und Fotoagenturen zu schätzen. Neben ihrem Blick für Details und einem sicheren Gefühl für Licht und Stimmungen ist es ihre einfühlsame und geduldige Herangehensweise, die ihre Protagonisten als etwas ganz Besonderes erscheinen lässt. Wer in den nächsten Monaten eine Frau auf einer Vespa, bepackt mit Fotoausrüstung, durch die Stadt brausen sieht, könnte Angelika zwischen ihren vielen Terminen begegnet sein. Oder bei der Arbeit für das nächste Frankfurt-Buch.

In Cafés kommen die unterschiedlichsten Menschen zusammen. Zum Austausch, zum Essen, zum Lesen. Für manche ist der Kaffeehausbesuch auch eine Art Meditation, oft verbringen sie viele Stunden an ihrem Lieblingsort. Andere brauchen nur mal rasch einen kräftigen Koffeinschub. Sie alle aber verlassen das Café mit einem guten Gefühl. Und kehren ganz bestimmt wieder.

IMPRESSUM

2. Auflage

Texte: Thorben Leo, thorben.leo@gmx.net
Dr. Michael Behrendt, ted.behrendt@t-online.de

Fotografien: Angelika Zinzow, zinzow@web.de
Art-Direktion: Nicole Hoehne, nicolehoehne@yahoo.de

Lektorat: Dr. Michael Behrendt, ted.behrendt@t-online.de
Bildbearbeitung: André Fischer, afprepress@web.de
Konzept: Thorben Leo, Angelika Zinzow, Nicole Hoehne

Druck: Druckkollektiv GmbH, Gießen
www.druckkollektiv.de

Herzlichen Dank

möchten wir allen Cafébetreibern für ihre Offenheit unserem Projekt gegenüber sagen, außerdem allen Cafémitarbeitern und Gästen, die zum Gelingen des Buches beigetragen haben. Dem Stylisten Oliver Metzler (Liebesdienste) und den Titelmodels Katrin Binner und Joaquim Roca gilt besonderer Dank.

CoCon-Verlag
In den Türkischen Gärten 13,
63450 Hanau
Deutschland
Telefon 06181 177 00, Telefax 06181 181 333
www.cocon-verlag.de, cocon-verlag@t-online.de

ISBN: 3-937774-24-6